学ぶ前にふれる
実践中国語会話練習帳

野村幸一郎　監修
張素娟・丁若思　編著

新　典　社

はじめに　中国語とはどんな言葉？

　このテキストは、初めて中国語を学習する人を対象として、文法の基礎と会話の基礎を学習できるように作られています。第1部基礎編、第3部発展編ではぐんぐんと凛ちゃんという2人（2匹？）のキャラクターの間で交わされる会話が例文として登場します。ぐんぐんは、パンダです。中国四川竹大学の学生です。ぐんぐんの実家は火鍋屋さんを経営しています。凛ちゃんは、日本から四川竹大学に留学してきました。凛ちゃんが留学して初めて仲良くなった中国の友達が、ぐんぐんです。

名前：ぐんぐん
誕生日：4月1日
趣味：グルメ、音楽
将来の夢：バンドをやる

名前：凛ちゃん
誕生日：5月16日
趣味：読書
将来の夢：ホラー小説家になる

　第2部は、日本の有名な文学作品の中からセリフの部分を抜き出し、例文を作りました。会話は、その言葉だけではなく、さまざまな背景（これをコンテクストと言います）を背負って登場します。会話はただの言葉ではありません。どのような人物がいつ、どのような状況で何を言ったか、という観点から理解する必要があるわけです。そのためコンテクストとの関わりから、会話を理解するトレーニングとして、第2部では、日本の有名な文学作品で交される会話に、題材を求めました。加えて、第2部では、皆さんに翻訳の面白さも知ってもらいたいと思います。ぜひ、原作の文学作品に触れてみてテキストではどのように翻訳されているか、自分で確認してみてください。

　次に、中国語を学習するにあたって、その前提となるいくつかの事柄を説明したいと思います。

一．中国語の文字

　当たり前のことですが、中国語は漢字で書き表します。漢字には日本で用いられている常用漢字の他、香港で用いられる繁体字、中国で用いられる簡体字があります。日本語と中国語には、まったく同じ漢字がある一方、異なる漢字もあります。

・**常用漢字**　　広　廣（旧字体）　　　**・繁体字**　　廣　　　　　**・簡体字**　　广
　日本　　　　　　　　　　　　　　　　　台湾、香港、マカオ　　　　　　　　中国大陸

二．中国語の発音（1）

1．発音表記「ピンイン」

　中国語では発音をピンインで表します。ピンインはアルファベットと声調記号を組み合わせた発音表記です。声調には第一～四声の4つのアクセントの型があり、四声とも呼ばれます。

　　　　　guǎng
　　　　　广　　　g　uǎng

☆ピンインは「子音」「母音」「声調」という3つの要素から構成されます。

2．声調（発音のイントネーション）
ひとつひとつの音声の上がり下がりを表すアクセントのこと。

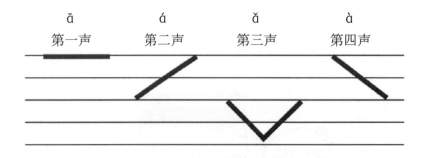

☆アルファベットの上についているのは、声調を示す記号です。

mā	má	mǎ	mà
妈	麻	马	骂
（お母さん）	（麻・しびれる）	（馬）	（ののしる）

☆同じ音でも、第一声、第二声、第三声、第四声の違いによって意味がまったく異なってしまいます。

3．声調の発音のポイント
　第一声は高い声で平らに伸ばします。ドレミファソのソの音の高さ。
　第二声はやや低めの声から高い音へと一気に引き上げます。びっくりした時の「えー！なんで？！」の「えー」に似ています。
　第三声は低いところから最低点まで下げて戻します。不思議に感じた時の「へえ〜」に似ています。
　第四声は高いところから一気に落とします。「あ、そーかー」の「そー」に似ています。

4．軽声
　軽く短く発音されます。声調記号はつきません。

三．中国語の発音（2）
　それでは次に、中国語の発音の基本について練習してみたいと思います。

1．母音の基本
　中国語の単独で発音される母音（これを単母音と言います）は次の7個あります。

```
a    o    e    i
u    ü    er
```

2．子音の基本
　中国語の子音は次の21種類あります。中国語の場合、子音はかならず母音と組み合わせて、ある単語の発音を形成します。一度に全部覚えるのは大変ですので、まずは基本となる次の8つの子音を覚えてください。

```
b    p    m    f
d    t    n    l
```

3．声調を意識しながら、発音の練習をしましょう。

	第一声	第二声	第三声	第四声
ba	bā	bá	bǎ	bà
po	pō	pó	pǒ	pò
mi	mī	mí	mǐ	mì
fa	fā	fá	fǎ	fà
de	dē	dé		
tu	tū	tú	tǔ	tù
nü			nǚ	nǜ
le	lē			lè
er	ēr	ér	ěr	èr

4．これまで勉強したピンインを使って、中国語の単語を覚えよう。

① 爸爸 bà ba（お父さん）　　② 妈妈 mā ma（お母さん）　　③ 不 bù（いいえ）

④ 怕 pà（怖い）　　⑤ 你 nǐ（あなた）　　⑥ 绿 lǜ（緑）

⑦ 耳 ěr（耳）　　⑧ 饿 è（お腹が空く）

四．中国語の発音（3）

1．複合母音
複数の母音を組み合わせて形成される発音を複合母音と言います。複合母音には次の 15 個があります。

ai	ei	ao	ou
ia（ya）	ie（ye）	ua（wa）	
uo（wo）	üe（yue）		
iao	iou	uai	üei

2．子音の基本
先ほど21個の子音のうち、8個を勉強しました。残りの13個の子音は、次の通りです。

g	k	h	
j	q	x	
zh	ch	sh	r
z	c	s	

3．声調を意識しながら、子音と母音の組み合わせを練習しよう。

	第一声	第二声	第三声	第四声
ge	gē	gé	gě	gè
gei			gěi	
kai	kāi		kǎi	kài
hao	hāo	háo	hǎo	hào
jia	jiā	jiá	jiǎ	jià
jiu	jiū		jiǔ	jiù
qiao	qiāo	qiáo	qiǎo	qiào
xie	xiē	xié	xiě	xiè
zhou	zhōu	zhóu	zhǒu	zhòu
chi	chī	chí	chǐ	chì
shuo	shuō			shuò
ri	rī			rì
zuo	zuō	zuó	zuǒ	zuò
ce				cè
si	sī		sǐ	sì
xue	xuē	xué	xuě	xuè
shui		shuí	shuǐ	shuì
kuai			kuǎi	kuài
ya	yā	yá	yǎ	yà
ye	yē	yé	yě	yè
wa	wā	wá	wǎ	wà
wo	wō	wó	wǒ	wò

4．これまで勉強したピンインを使って、中国語の単語を覚えよう。

① gē ge 哥　哥（お兄さん）
② nǐ hǎo 你　好（こんにちは）
③ xiè xie 谢　谢（ありがとう）
④ chī 吃（食べる）
⑤ shuō 说（話す）
⑥ cè suǒ 厕　所（トイレ）
⑦ zuò zuò yè 做　作　业（宿題をする）
⑧ sì 四（四）
⑨ jiǔ 九（九）
⑩ xué 学（学ぶ）

五．中国語の発音（４）

１．鼻母音
中国語の発音には鼻母音というものがあります。鼻から息を出しながら発音する音、いわゆる鼻音です。鼻母音は16個あります。

an	ang	en	eng
ian	iang	uan	uang
in	ing	ong	iong
uen	ueng	üan	ün

２．声調を意識しながら、子音と母音の組み合わせを練習しよう。

	第一声	第二声	第三声	第四声
lan		lán	lǎn	làn
shang	shāng		shǎng	shàng
ben	bēn		běn	bèn
leng	lēng	léng	lěng	lèng
xian	xiān	xián	xiǎn	xiàn
xiang	xiāng	xiáng	xiǎng	xiàng
wan	wān	wán	wǎn	wàn
guang	guāng		guǎng	guàng
xin	xīn	xín	xǐn	xìn
zhong	zhōng		zhǒng	zhòng
xiong	xiōng	xióng		xiòng
wen	wēn	wén	wěn	wèn
weng	wēng		wěng	wèng
yuan	yuān	yuán	yuǎn	yuàn
yun	yūn	yún	yǔn	yùn

３．これまで勉強したピンインを使って、中国語の単語を覚えよう。

① lán sè　藍色（青）
② zǎo shang hǎo　早上好（おはようございます）
③ Rì běn rén　日本人（日本人）
④ wǎn shang hǎo　晩上好（こんばんは）
⑤ Zhōng guó rén　中国人（中国人）
⑥ xióng māo　熊猫（パンダ）
⑦ gōng yuán　公園（公園）
⑧ yún　云（雲）

ピンイン表解説

　中国語の発音は、母音と子音と、そして声調から成立しています。声調についてはすでに「はじめに」で説明しました。母音は基本的に「a」「o」「e」「i」「u」「ü」の6つがあります。それ以外に、複数の母音からなる「ia」「ie」「ai」などの複合母音もあります。

　子音は、母音と組み合わせてひとつの音を作ります。全部で21あり、唇、歯の位置や使い方によって発音も変わります。表に示すように、唇音（b、p、m、fを含む子音など）、そり舌音（h、rを含む子音など）など6つに分類されています。唇音とは、唇は動くが舌は動かない発音法、そり舌音とは巻き舌を用いた発音法です。また、発音法についてはYouTubeなどの動画でも紹介されていますので、ぜひ見てみてください。

a, o, e と a, o, e からはじまる音

子音＼母音		a	o	e	-i	-i	er	ai	ei	ao	ou	an	en	ang	eng	ong
ゼロ		a	o	e	-i[ɿ]	-i[ʅ]	er	ai	ei	ao	ou	an	en	ang	eng	-ong
唇音	b	ba	bo					bai	bei	bao		ban	ben	bang	beng	
	p	pa	po					pai	pei	pao	pou	pan	pen	pang	peng	
	m	ma	mo	me				mai	mei	mao	mou	man	men	mang	meng	
	f	fa	fo						fei		fou	fan	fen	fang	feng	
舌尖音	d	da		de				dai	dei	dao	dou	dan	den	dang	deng	dong
	t	ta		te				tai		tao	tou	tan		tang	teng	tong
	n	na		ne				nai	nei	nao	nou	nan	nen	nang	neng	nong
	l	la		le				lai	lei	lao	lou	lan		lang	leng	long
舌根音	g	ga		ge				gai	gei	gao	gou	gan	gen	gang	geng	gong
	k	ka		ke				kai	kei	kao	kou	kan	ken	kang	keng	kong
	h	ha		he				hai	hei	hao	hou	han	hen	hang	heng	hong
舌面音	j															
	q															
	x															
そり舌音	zh	zha		zhe		zhi		zhai	zhei	zhao	zhou	zhan	zhen	zhang	zheng	zhong
	ch	cha		che		chi		chai		chao	chou	chan	chen	chang	cheng	chong
	sh	sha		she		shi		shai	shei	shao	shou	shan	shen	shang	sheng	
	r			re		ri				rao	rou	ran	ren	rang	reng	rong
舌歯音	z	za		ze	zi			zai	zei	zao	zou	zan	zen	zang	zeng	zong
	c	ca		ce	ci			cai		cao	cou	can	cen	cang	ceng	cong
	s	sa		se	si			sai		sao	sou	san	sen	sang	seng	song

i と i からはじまる音

子音＼母音		i	ia	iao	ie	iou	ian	in	iang	ing	iong
ゼロ		yi	ya	yao	ye	you	yan	yin	yang	ying	yong
唇音	b	bi		biao	bie		bian	bin		bing	
	p	pi		piao	pie		pian	pin		ping	
	m	mi		miao	mie	miu	mian	min		ming	
	f										
舌尖音	d	di		diao	die	diu	dian			ding	
	t	ti		tiao	tie		tian			ting	
	n	ni		niao	nie	niu	nian	nin	niang	ning	
	l	li	lia	liao	lie	liu	lian	lin	liang	ling	
舌根音	g										
	k										
	h										
舌面音	j	ji	jia	jiao	jie	jiu	jian	jin	jiang	jing	jiong
	q	qi	qia	qiao	qie	qiu	qian	qin	qiang	qing	qiong
	x	xi	xia	xiao	xie	xiu	xian	xin	xiang	xing	xiong
そり舌音	zh										
	ch										
	sh										
	r										
舌歯音	z										
	c										
	s										

u と u からはじまる音 / ü と ü からはじまる音

子音＼母音		u	ua	uo	uai	uei	uan	uen	uang	ueng	ü	üe	üan	ün
ゼロ		wu	wa	wo	wai	wei	wan	wen	wang	weng	yu	yue	yuan	yun
唇音	b	bu												
	p	pu												
	m	mu												
	f	fu												
舌尖音	d	du		duo		dui	duan	dun						
	t	tu		tuo		tui	tuan	tun						
	n	nu		nuo			nuan				nü	nüe		
	l	lu		luo			luan	lun			lü	lüe		
舌根音	g	gu	gua	guo	guai	gui	guan	gun	guang					
	k	ku	kua	kuo	kuai	kui	kuan	kun	kuang					
	h	hu	hua	huo	huai	hui	huan	hun	huang					
舌面音	j										ju	jue	juan	jun
	q										qu	que	quan	qun
	x										xu	xue	xuan	xun
そり舌音	zh	zhu	zhua	zhuo	zhuai	zhui	zhuan	zhun	zhuang					
	ch	chu	chua	chuo	chuai	chui	chuan	chun	chuang					
	sh	shu	shua	shuo	shuai	shui	shuan	shun	shuang					
	r	ru	rua	ruo		rui	ruan	run						
舌歯音	z	zu		zuo		zui	zuan	zun						
	c	cu		cuo		cui	cuan	cun						
	s	su		suo		sui	suan	sun						

目　次

第1部　入　門　編

- 第1回　あいさつ……………………………………………………………13
- 第2回　"我是日本人"——"是"（〜は…です）……………………14
- 第3回　"我叫凛"—— 名前の言い方（〜は…といいます）………16
- 第4回　"这是我的课本"—— 指示代名詞"这、那"（これ、それ、あれ）……18
- 第5回　"我今年十九岁"—— 年齢の言い方…………………………20
- 第6回　"我的生日是四月一号"—— 年月日、曜日の言い方………22
- 第7回　"我吃冰淇凌"—— 動詞の使い方………………………………24
- 第8回　"我不去卡拉OK"—— 動詞の否定表現"不"と"没"……26
- 第9回　"我在教室里"—— 所在表現"在"……………………………28
- 第10回　"一个苹果"—— 数詞・量詞…………………………………30
- 第11回　"蛋糕很好吃"—— 形容詞肯定文と程度副詞………………32
- 第12回　"你不胖"—— 形容詞の否定表現と疑問表現………………34
- 第13回　"我看了一本书"—— 完了の"了"（〜してしまった）…36
- 第14回　"你去过演唱会吗？"—— 助詞"过"（〜したことがある）…38
- 第15回　"我在看电视"—— 動作の進行"在"（…ところ）………40
- 第16回　"门开着呢"—— 状態の持続"着"……………………………42
- 第17回　"飞机要起飞了"—— 未来表現"要〜了"（もうすぐ〜になる）…44
- 第18回　"我们明天去故宫"—— 時間詞を入れて未来を表す………46
- 第19回　"我们下午在胡同散步"—— 動作の行われる場所や時間を表す…48
- 第20回　"我会说中文"—— 可能助動詞"会、能、可以"……………50

第2部　応　用　編

- 第1回　豊太郎とエリスの会話……………………………………………54
  —— 森鷗外『舞姫』で学ぶ"为什么"「なぜ・どうして」
- 第2回　庄兵衛と喜助の会話………………………………………………56
  —— 森鷗外『高瀬舟』で学ぶ"什么"「何、どんな〜、何の〜」
- 第3回　坊ちゃんと清の会話………………………………………………58
  —— 夏目漱石『坊ちゃん』で学ぶ"什么时候"「いつ」
- 第4回　先生とKの会話……………………………………………………60
  —— 夏目漱石『こころ』で学ぶ"哪里"「どこ、どちら」

第5回	下人と老婆の会話	62
	—— 芥川龍之介『羅生門』で学ぶ "谁"「だれ」	
第6回	良秀と大殿の会話	64
	—— 芥川龍之介『地獄変』で学ぶ "怎么"「どう、どのように」	
第7回	よだかと鷹の会話	66
	—— 宮沢賢治『よだかの星』で学ぶ 様態補語	
第8回	カンパネルラとジョバンニの会話	68
	—— 宮沢賢治『銀河鉄道の夜』で学ぶ 反語表現	
第9回	「私」と踊子の会話	70
	—— 川端康成『伊豆の踊子』で学ぶ 敬語表現	
第10回	メロスと王、ディオニスの会話	72
	—— 太宰治『走れメロス』で学ぶ 時間量を伝える	
第11回	山賊と女の会話	74
	—— 坂口安吾『桜の森の満開の下』で学ぶ 比較表現	
第12回	武山中尉と麗子の会話	76
	—— 三島由紀夫『憂国』で学ぶ 使役表現	
第13回	直子とワタナベの会話	78
	—— 村上春樹『ノルウェイの森』で学ぶ 語気副詞	
第14回	みかげと雄一の会話	80
	—— 吉本ばなな『キッチン』で学ぶ 義務の助動詞	

第3部　発展編

第1回	動作行為の対象を記すための "和" "跟"	84
第2回	選択疑問文 "是A还是B？"	86
第3回	動詞が2つ以上並んでいる連動文	88
第4回	推量や提案を表す助詞 "吧"	90
第5回	名詞句が述語になる名詞述語文	92
第6回	新しい事態の発生や状態の変化を表す "了"	94
第7回	話し手の見方や態度を強調する "是…的" 構文	96
第8回	副詞 "都" "也"	98
第9回	二重目的語をとる動詞	100
第10回	与える相手を表す介詞 "给"	102
第11回	動作行為の結果を表す結果補語	104
第12回	"有点" と "一点"	106
第13回	存在を表す存現文	108
第14回	変化、場所や所有権の移動を表す時の "把"	110

第1部

入門編

第1回　あいさつ

Chapter1　中国語のあいさつについて学ぶ。

1．你好（こんにちは）
　　nǐ hǎo

2．谢谢（ありがとうございます）
　　xiè xie

3．不客气（どういたしまして）
　　bú kè qi

4．欢迎，欢迎（よくいらっしゃいました）
　　huān yíng huān yíng

5．对不起（ごめんなさい）
　　duì bù qǐ

6．没关系（かまいません）
　　méi guān xi

7．辛苦了（お疲れさまでした）
　　xīn kǔ le

8．再见（さようなら）
　　zài jiàn

Chapter2　練習問題

1．ピンインを書いてみよう。

①你好。

②对不起。

③辛苦了。

④再见。

2．次の日本語を中国語に訳してみよう。

①ありがとうございます。

②どういたしまして。

③ごめんなさい。

④かまいません。

第2回 "我是日本人"——"是"（〜は…です）

Chapter1 「〜は…です」を表す"是"について学ぶ。
場所：四川竹大学中国語同好会のミーティング・ルーム

　パンダのぐんぐんは四川出身です。今年中国の四川竹大学の大学生になりました。凛ちゃんは1年間の交換留学で日本から四川竹大学に来ています。はじめて中国語勉強会に参加したぐんぐんは、となりに座っている凛ちゃんに話しかけています…

凛ちゃん：你是留学生吗？
　　　　　nǐ shì liú xué shēng ma

ぐんぐん：我不是留学生。我是中国人。
　　　　　wǒ bú shì liú xué shēng　wǒ shì Zhōng guó rén

凛ちゃん：我是日本人。
　　　　　wǒ shì Rì běn rén

語法文法
①「A＋"是"＋B」（〜は…です）
　"是"は動詞で「〜です」という意味です。「A＋"是"＋B」という文型で「〜は…です」という意味を表します。中国語の"是"は、左と右の言葉がイコールであることを表します。"我是〜"という構文は自分の国籍、職業などを伝えるときに、よく使われています。また、"是"は主語の人称や時制、数によって活用することはありません。

我是医生。（私は医者です。）
他是老师。（彼は先生です。）

②疑問表現「A＋"是"＋B＋"吗"？」（〜は…ですか？）
　文末に疑問助詞"吗"を付け加えると、疑問表現になります。

A：你是日本人吗？（あなたは日本人ですか？）
B：不是，我是中国人。（いいえ、私は中国人です。）

③否定表現「A＋"不"＋"是"＋B」（〜は…ではありません）
　否定の副詞"不"を動詞"是"の前に置くと、「〜ではない」という否定表現を表します。

我不是日本人。（私は日本人ではありません。）

Chapter1 に登場する重要な中国語単語
留学生：留学生　／　中国人：中国人　／　日本人：日本人
liú xué shēng　　　Zhōng guó rén　　　Rì běn rén
医生：医者　／　老师：先生
yī shēng　　　lǎo shī

Chapter2　ぐんぐんと凛ちゃんの会話を日本語に訳してみよう。
凛ちゃん：＿＿＿＿＿＿＿＿＿＿＿＿＿＿＿＿＿＿＿＿＿＿＿＿＿＿＿＿＿＿＿＿＿

ぐんぐん：
凛ちゃん：

Chapter3　次の日本語を中国語に訳してみよう（かならずピンインも記すこと）。

（1）彼女は中国人です。
ピンイン
中国語

（2）彼らは医者ではありません。
ピンイン
中国語

（3）あなたは留学生ですか？
ピンイン
中国語

Chapter3 に登場する重要な中国語単語
　　tā　　　　　tā men
　　她：彼女　／　他 们：彼ら

Chapter4　これまでに習った言葉を使って、ペアワークで会話を練習してみよう。

会話1
　　　tā shì Zhōng guó rén ma
A：她 是 中 国 人 吗？（彼女は中国人ですか？）

　　　bú shì tā shì Rì běn rén
B：不 是，她 是 日 本 人。（いいえ、彼女は日本人です。）

会話2
　　　nǐ shì liú xué shēng ma
A：你 是 留 学 生 吗？（あなたは留学生ですか？）

　　　shì de wǒ shì liú xué shēng
B：是 的，我 是 留 学 生。（はい、私は留学生です。）

会話3
　　　nǐ men shì Fǎ guó rén ma
A：你 们 是 法 国 人 吗？（あなたたちはフランス人ですか？）

　　　shì wǒ men shì Fǎ guó rén
B：是，我 们 是 法 国 人。（はい、私たちはフランス人です。）

Chapter4 に登場する重要な中国語単語
nǐ men　　　　　　Fǎ guó rén　　　　　　wǒ men
你 们：あなたたち　／　法 国 人：フランス人　／　我 们：私たち

第3回 "我叫凛" —— 名前の言い方（〜は…といいます）

Chapter1　名前の言い方について学ぶ。
場所：四川竹大学中国語同好会のミーティング・ルーム

ぐんぐん：　我 叫 滚滚。你 叫 什么 名字？
　　　　　　wǒ jiào Gǔn gǔn nǐ jiào shén me míng zi

凛ちゃん：　你 好！我 叫 凛。
　　　　　　nǐ hǎo wǒ jiào Lǐn

　　　　　　初次 见 面，请 多 关 照。
　　　　　　chū cì jiàn miàn qǐng duō guān zhào

ぐんぐん：　请 多 关 照。
　　　　　　qǐng duō guān zhào

語法文法
　中国語で自分の名前を言うとき、2通りの表現があります。名字だけを名乗る場合とフルネームや下の名前を名乗る場合では、違う動詞を使います。

①名字だけを言う場合「主語＋"姓"＋名字」（〜は○○という名字／姓です）
　名字だけを伝えるときは、"姓"という動詞を使います。"姓"は、「名字は〜である」という意味です。

我姓田中。（私は田中です。）

②フルネームや下の名前を言う場合「主語＋"叫"＋フルネーム」（〜は○○といいます）
　フルネームを言うときは、"叫"という動詞を使います。"叫"は「私の姓名は〜である」という意味です。

他叫田中凛。（彼は田中凛といいます。）

　姓だけを尋ねる場合は、「主語＋"姓什么？"」、フルネームや下の名前を尋ねる場合は「主語＋"叫什么名字？"」となります。

他姓什么？（彼の名字はなんといいますか？）
他叫什么名字？（彼の名前はなんといいますか？）

Chapter1 に登場する重要な中国語単語

我：私　／　叫：(名前は)〜という　／　滚滚：ぐんぐん　／　你：あなた
wǒ　　　　 jiào　　　　　　　　　　　Gǔn gǔn　　　　　　　nǐ

什么：何・どんな　／　名字：名前　／　凛（名前）：凛
shén me　　　　　　　míng zi　　　　　 Lǐn

初次见面：初めまして　／　请多关照：よろしくお願いします
chū cì jiàn miàn　　　　　　 qǐng duō guān zhào

田中（名字）：田中
Tián zhōng

16

Chapter2　ぐんぐんと凛ちゃんの会話を日本語に訳してみよう。
ぐんぐん：_____
凛ちゃん：_____
_____
ぐんぐん：_____

Chapter3　次の日本語を中国語に訳してみよう（かならずピンインも記すこと）。
（1）彼は凛といいます。
ピンイン
中国語_____

（2）あなたの名前はなんといいますか？（フルネームを尋ねる場合）
ピンイン
中国語_____

（3）はじめまして、よろしくお願いします。
ピンイン
中国語_____

Chapter3 に登場する重要な中国語単語
tā
他：彼

Chapter4　これまでに習った言葉を使って、ペアワークで会話を練習してみよう。
会話1
　　nǐ jiào shén me míng zi
A：你 叫 什 么 名 字？（あなたの名前はなんといいますか？）
　　wǒ jiào
B：我 叫 ＿＿＿＿＿＿＿＿。（私は＿＿＿＿＿＿＿＿といいます。）

会話2
　　nǐ xìng shén me
A：你 姓 什 么？（あなたの名字はなんといいますか？）
　　wǒ xìng
B：我 姓 ＿＿＿＿＿＿＿＿。（私は＿＿＿＿＿＿＿＿です。）

会話3
　　chū cì jiàn miàn　qǐng duō guān zhào
A：初 次 见 面，请 多 关 照。（はじめまして、よろしくお願いします。）
　　qǐng duō guān zhào
B：请 多 关 照。（よろしくお願いします。）

第4回 "这是我的课本" ── 指示代名詞 "这、那"（これ、それ、あれ）

Chapter1　指示代名詞について学ぶ。
場所：四川竹大学の教室
　ぐんぐんと凛ちゃんは、空き時間に教室で家族について話しています。

凛ちゃん：那 是 你 的 照 片 吗？
　　　　　nà shì nǐ de zhào piàn ma

ぐんぐん：这 是 我 姐 姐 的 照 片。
　　　　　zhè shì wǒ jiě jie de zhào piàn

凛ちゃん：你 姐 姐 是 学 生 吗？
　　　　　nǐ jiě jie shì xué shēng ma

ぐんぐん：她 不 是 学 生。她 是 甜 点 师。
　　　　　tā bú shì xué shēng　tā shì tián diǎn shī

語法文法
①指示代名詞 "这" と "那"
　日本語の指示代名詞は、「これ」「それ」「あれ」の3種類がありますが、中国語の指示代名詞は、"这""那"の2つしかありません。"这"は「これ」という意味で、"那"は「それ」「あれ」に対応します。"这"のうしろに、英語のbe動詞にあたる"是"を置くと、「これは〜です」という意味になります。

这是课本。（これは教科書です。）

那不是电脑。（あれはパソコンではありません。）

②名詞の所有格　助詞 "的"
　中国語の場合、"的"を名詞や人称代名詞のうしろにつけて所有、帰属の意味を表します。ただし、人称代名詞が家族、人間関係や所属機関との関係を表す場合には、"的"を省略することができます。

教室的椅子（教室の椅子）　　　　我的手机（私のスマートフォン）　　　　我家（私の家）
我们学校（私たちの学校）　　　　你姐姐（あなたのお姉さん）

Chapter1に登場する重要な中国語単語

照片：写真 ／ 姐姐：お姉さん ／ 学生：学生
zhào piàn　　　　 jiě jie　　　　　　　 xué shēng

甜点师：パティシエ ／ 课本：教科書 ／ 电脑：パソコン
tián diǎn shī　　　　　　　kè běn　　　　　　 diàn nǎo

教室：教室 ／ 椅子：椅子 ／ 手机：スマートフォン ／ 家：家
jiào shì　　　　　　yǐ zi　　　　　　shǒu jī　　　　　　　　　　jiā

学校：学校
xué xiào

Chapter2　ぐんぐんと凛ちゃんの会話を日本語に訳してみよう。

凛ちゃん：_____

ぐんぐん：_____

凛ちゃん：_____

ぐんぐん：_____

Chapter3　次の日本語を中国語に訳してみよう（かならずピンインも記すこと）。

（1）これはあなたの教科書です。

ピンイン

中国語 _____

（2）あれは先生の研究室です。

ピンイン

中国語 _____

（3）あれは私のお父さんの会社です。（「私のお父さん」"的"を省略する）

ピンイン

中国語 _____

Chapter3 に登場する重要な中国語単語

lǎo shī　　　　　　yán jiū shì　　　　　　bà ba　　　　　　gōng sī
老　師：先生　／　研　究　室：研究室　／　爸　爸：お父さん　／　公　司：会社

Chapter4　これまでに習った言葉を使って、ペアワークで会話を練習してみよう。

会話1

　　　nà shì nǐ de kè běn　zhào piàn ma
A：那 是 你 的 课本／照　片　吗？（それはあなたの教科書／写真ですか？）

　　　zhè bú shì wǒ de kè běn　zhào piàn
B：这 不 是 我 的 课本／照　片　。（これは私の教科書／写真ではありません。）

会話2

　　　nǐ bà ba　jiě jie shì lǎo shī ma
A：你 爸爸／姐 姐 是 老 师 吗？（あなたのお父さん／お姉さんは先生ですか？）

　　　bú shì　wǒ bà ba　jiě jie shì yī shēng
B：不 是，我 爸爸／姐 姐 是 医　生　。（いいえ、私のお父さん／お姉さんは医者です。）

Chapter4 に登場する重要な中国語単語

yī shēng
医　生：医者

第5回 "我今年十九岁" —— 年齢の言い方

Chapter1　年齢の言い方について学ぶ。
場所：四川竹大学のカフェ
　ケーキをおいしく食べているぐんぐんに、凛ちゃんは年齢を尋ねます。

凛ちゃん：　Gǔn gǔn nǐ jīn nián duō dà
　　　　　滚 滚，你 今 年 多 大？

ぐんぐん：　wǒ jīn nián shí jiǔ suì nǐ ne
　　　　　我 今 年 十 九 岁。你 呢？

凛ちゃん：　wǒ jīn nián èr shí sān suì le
　　　　　我 今 年 二 十 三 岁 了。

ぐんぐん：　nǐ shì qián bèi
　　　　　你 是 前 辈！

語法文法

①中国語では、1から10までの数字を次のように発音します。

ピンイン	yī	èr（liǎng）	sān	sì	wǔ	liù	qī	bā	jiǔ	shí
数字	一	二（两）	三	四	五	六	七	八	九	十

　＊"二"の場合、うしろに数量詞がつく時は"两"を用います。

②年齢の言い方
　中国では、相手の年齢を尋ねるとき、以下の例文のように、相手がどのぐらいの年齢かによって尋ね方が変わります。また、年齢を聞く・答えるときは、動詞"是"をつけてはいけません。答え方は年齢と関係なく、どの尋ね方に対しても「主語＋年齢」という形になります。

③10歳以下の子供に尋ねるとき、疑問詞"几岁"を使います。

A：你几岁？（いくつ？）
B：我八岁。（ぼくは8歳だ。）

④自分より年下かまたは自分と同年代の人に尋ねるときは、"多大"を使います。

A：你今年多大？（今年でいくつですか？）
B：我今年十九岁。（私は今年で19歳です。）

⑤自分より年上または目上の人に尋ねるとき、"多大岁数"を使います。

A：你的妈妈今年多大岁数？（あなたのお母さんは今年で何歳ですか？）
B：我的妈妈今年六十岁。（私のお母さんは今年で60歳です。）

　また、"了"を文末に置くと、変化の意味を表します。「～になった」という意味です。

A：你多大了？（いくつになりましたか？）
B：我十九岁了。（私は19歳になりました。）

Chapter1 に登場する重要な中国語単語

今年：今年　/　多大：年齢を尋ねる言い方　/　岁：〜歳　/　〜了：〜になった
(jīn nián)　　　　(duō dà)　　　　　　　　　　(suì)　　　　　(le)

前辈：先輩　/　妈妈：お母さん　/　岁数：年齢
(qián bèi)　　　(mā ma)　　　　　(suì shu)

Chapter2　ぐんぐんと凛ちゃんの会話を日本語に訳してみよう。

凛ちゃん：＿＿＿＿＿＿＿＿＿＿＿＿＿＿＿＿＿＿＿＿＿＿＿＿＿＿＿＿
ぐんぐん：＿＿＿＿＿＿＿＿＿＿＿＿＿＿＿＿＿＿＿＿＿＿＿＿＿＿＿＿
凛ちゃん：＿＿＿＿＿＿＿＿＿＿＿＿＿＿＿＿＿＿＿＿＿＿＿＿＿＿＿＿
ぐんぐん：＿＿＿＿＿＿＿＿＿＿＿＿＿＿＿＿＿＿＿＿＿＿＿＿＿＿＿＿

Chapter3　次の日本語を中国語に訳してみよう（かならずピンインも記すこと）。

（1）今年で何歳ですか？（同年代の人に聞く）
ピンイン
中国語

（2）私は今年で20歳です。
ピンイン
中国語

（3）私のお父さんは今年で55歳になりました。
ピンイン
中国語

Chapter3 に登場する重要な中国語単語

爸爸：お父さん
(bà ba)

Chapter4　これまでに習った言葉を使って、ペアワークで会話を練習してみよう。

会話1

　　nǐ jīn nián duō dà
A：你 今 年 多 大？（今年でおいくつですか？）

　　wǒ jīn nián　　suì
B：我 今 年 ＿＿＿ 岁。（私は今年で＿＿＿歳です。）

会話2

　　nǐ de bà ba jīn nián duō dà suì shu
A：你 的 爸 爸 今 年 多 大 岁 数？（あなたのお父さんは今年おいくつでいらっしゃいますか？）

　　wǒ de bà ba jīn nián　　suì
B：我 的 爸 爸 今 年 ＿＿＿ 岁。（私のお父さんは今年で＿＿＿歳です。）

第6回 "我的生日是四月一号" —— 年月日、曜日の言い方

Chapter1　年月日、曜日について学ぶ。
場所：四川竹大学の教室

凛ちゃん：你的生日是几月几号？
　　　　　nǐ de shēng rì shì jǐ yuè jǐ hào

ぐんぐん：我的生日是四月一号。你呢？
　　　　　wǒ de shēng rì shì sì yuè yī hào　nǐ ne

凛ちゃん：我的生日是五月十六号。下星期四。
　　　　　wǒ de shēng rì shì wǔ yuè shí liù hào　xià xīng qī sì

ぐんぐん：真的吗？！一起过生日吧！
　　　　　zhēn de ma　yì qǐ guò shēng rì ba

凛ちゃん：好啊！
　　　　　hǎo a

語法文法

①年の言い方：年の言い方は日本語と違って、千や百、十という単位を用いず、数字を1つずつ読みあげます。

・一九九五年　yī jiǔ jiǔ wǔ nián　　・二〇二四年　èr líng èr sì nián

②月の言い方：「数字＋"月"」

yī yuè	èr yuè	sān yuè	sì yuè	wǔ yuè	liù yuè
一月	二月	三月	四月	五月	六月
qī yuè	bā yuè	jiǔ yuè	shí yuè	shí yī yuè	shí èr yuè
七月	八月	九月	十月	十一月	十二月

③日の言い方：「数字＋"号"」

・一号　yī hào　　・十六号　shí liù hào　　・二十七号　èr shí qī hào

④曜日の言い方：「"星期"＋数字、"日／天"」
　年月日、曜日を表記する時は、"是"を省略しても良いです。

月曜日	火曜日	水曜日	木曜日	金曜日	土曜日	日曜日
xīng qī yī 星期一	xīng qī èr 星期二	xīng qī sān 星期三	xīng qī sì 星期四	xīng qī wǔ 星期五	xīng qī liù 星期六	xīng qī rì 星期日 xīng qī tiān 星期天

A：你的生日是几月几号？（あなたの誕生日は何月何日ですか？）
B：我的生日是五月十六号。（私の誕生日は五月十六日です。）

A：今天星期几？（今日は何曜日ですか？）
B：今天星期一。（今日は月曜日です。）

Chapter1 に登場する重要な中国語単語

　shēng rì　　　　　　　jǐ yuè jǐ hào　　　　　　xià xīng qī　　　　　zhēn de
　生　日：誕生日　／　几 月 几 号：何月何日　／　下　星　期：来週　／　真　的：本当に

　yì qǐ　　　　　　guò　　　　　ba　　　　　　hǎo a
　一 起：いっしょに　／　过：過ごす　／　吧：〜しましょう　／　好　啊：いいですよ

Chapter2　ぐんぐんと凛ちゃんの会話を日本語に訳してみよう。

凛ちゃん：＿＿＿＿＿＿＿＿＿＿＿＿＿＿＿＿＿＿＿＿＿＿＿＿＿＿＿＿＿＿＿＿＿＿＿＿＿
ぐんぐん：＿＿＿＿＿＿＿＿＿＿＿＿＿＿＿＿＿＿＿＿＿＿＿＿＿＿＿＿＿＿＿＿＿＿＿＿＿
凛ちゃん：＿＿＿＿＿＿＿＿＿＿＿＿＿＿＿＿＿＿＿＿＿＿＿＿＿＿＿＿＿＿＿＿＿＿＿＿＿
ぐんぐん：＿＿＿＿＿＿＿＿＿＿＿＿＿＿＿＿＿＿＿＿＿＿＿＿＿＿＿＿＿＿＿＿＿＿＿＿＿
凛ちゃん：＿＿＿＿＿＿＿＿＿＿＿＿＿＿＿＿＿＿＿＿＿＿＿＿＿＿＿＿＿＿＿＿＿＿＿＿＿

Chapter3　次の日本語を中国語に訳してみよう（かならずピンインも記すこと）。

（1）あなたの誕生日は何月何日ですか？
ピンイン
中国語

（2）私の誕生日は12月25日です。
ピンイン
中国語

（3）今日は2024年5月16日、木曜日です。
ピンイン
中国語

Chapter4　これまでに習った言葉を使って、ペアワークで会話を練習してみよう。

会話1

　　 jīn tiān jǐ yuè jǐ hào
A：今　天　几 月 几 号？（今日は何月何日ですか？）

　　 jīn tiān　　　yuè　　hào
B：今　天　＿＿月＿＿号。（今日は＿＿月＿＿日です。）

会話2

　　 nǐ de shēng rì shì jǐ yuè jǐ hào
A：你 的　生　日 是 几 月 几 号？（あなたの誕生日は何月何日ですか？）

　　 wǒ de shēng rì shì　　yuè　　hào
B：我 的　生　日 是 ＿＿月＿＿号。（私の誕生日は＿＿月＿＿日です。）

第7回 "我吃冰淇凌" —— 動詞の使い方

Chapter1　動詞の使い方について学ぶ。
場所：四川火鍋料理店
　凛ちゃんの誕生日のお祝いとして、ぐんぐんと凛ちゃんは学校に近くにある火鍋のお店に行きました。凛ちゃんは、辛い火鍋を食べて、汗が出てきました。

ぐんぐん：　　　shēng rì kuài lè　gān bēi
　　　　　　　　生　日　快　乐！干　杯！

凛ちゃん：　　　xiè xie　wǒ xǐ huan huǒ guō
　　　　　　　　谢　谢！我 喜 欢　火　锅。

ぐんぐん：　　　nǐ chī bīng qí líng ma
　　　　　　　　你 吃　冰　淇 凌　吗？

凛ちゃん：　　　wǒ chī bīng qí líng
　　　　　　　　我 吃　冰　淇 凌。

語法文法
①「主語＋動詞＋目的語」（～は…を～します）
　日本語の動詞述語文は、「主語＋目的語＋動詞」という並びですが、中国語の場合は、英語と同じで「主語＋動詞＋目的語」となります。ただし、中国語の動詞は、英語とは異なり、人称によって活用することがありません。

我吃冰淇凌。（私はアイスクリームを食べます。）
她们去公园。（彼女たちは公園に行きます。）

②「主語＋動詞＋目的語＋"吗？"」（～は…を～しますか？）
　疑問文にするときには、文末に疑問助詞"吗？"をつけます。

你喜欢火锅吗？（あなたは火鍋が好きですか？）
她们去公园吗？（彼女たちは公園に行きますか？）

Chapter1 に登場する重要な中国語単語

shēng rì kuài lè　　　　　　　　　gān bēi　　　　　　xiè xie
生　日　快　乐：誕生日おめでとう　／　干　杯：乾杯　／　谢　谢：ありがとう

xǐ huan　　　　　huǒ guō　　　　chī　　　　　bīng qí líng
喜　欢：好き　／　火　锅：火鍋　／　吃：食べる　／　冰　淇　凌：アイスクリーム

tā men　　　　　　　qù　　　　　gōng yuán
她　们：彼女たち　／　去：行く　／　公　园：公園

Chapter2　ぐんぐんと凛ちゃんの会話を日本語に訳してみよう。
ぐんぐん：＿＿＿＿＿＿＿＿＿＿＿＿＿＿＿＿＿＿＿＿＿＿＿＿＿＿＿＿＿＿＿＿＿＿＿＿
凛ちゃん：＿＿＿＿＿＿＿＿＿＿＿＿＿＿＿＿＿＿＿＿＿＿＿＿＿＿＿＿＿＿＿＿＿＿＿＿
ぐんぐん：＿＿＿＿＿＿＿＿＿＿＿＿＿＿＿＿＿＿＿＿＿＿＿＿＿＿＿＿＿＿＿＿＿＿＿＿
凛ちゃん：＿＿＿＿＿＿＿＿＿＿＿＿＿＿＿＿＿＿＿＿＿＿＿＿＿＿＿＿＿＿＿＿＿＿＿＿

Chapter3　次の日本語を中国語に訳してみよう（かならずピンインも記すこと）。

（1）私はコーヒーを飲みます。
ピンイン
中国語

（2）あなたはテレビを見ますか？
ピンイン
中国語

（3）彼女は中国語を学びます。
ピンイン
中国語

Chapter3 に登場する重要な中国語単語

hē　　　　　　kā fēi　　　　　　　kàn　　　　　　diàn shì　　　　　　xué
喝：飲む　／　咖 啡：コーヒー　／　看：見る・読む　／　电 视：テレビ　／　学：学ぶ

Zhōng wén
　中　文：中国語

Chapter4　これまでに習った言葉を使って、ペアワークで会話を練習してみよう。

会話1

　　　nǐ hē kā fēi nǎi chá hóng chá ma
A：你 喝 咖 啡／奶 茶／红 茶 吗？（あなたはコーヒー／ミルクティー／紅茶を飲みますか？）

　　　wǒ hē kā fēi nǎi chá hóng chá
B：我 喝 咖 啡／奶 茶／红 茶。（私はコーヒー／ミルクティー／紅茶を飲みます。）

会話2

　　　nǐ xǐ huan kàn dòng màn màn huà ma
A：你 喜 欢 看 动 漫／漫 画 吗？（あなたはアニメ／漫画が好きですか？）

　　　wǒ xǐ huan kàn dòng màn màn huà
B：我 喜 欢 看 动 漫／漫 画。（私はアニメ／漫画が好きです。）

会話3

　　　nǐ xǐ huan chī qiǎo kè lì bīng qí líng ma
A：你 喜 欢 吃 巧 克 力／冰 淇 凌 吗？（あなたはチョコレート／アイスクリームが好きですか？）

　　　wǒ xǐ huan chī qiǎo kè lì bīng qí líng
B：我 喜 欢 吃 巧 克 力／冰 淇 凌。（私はチョコレート／アイスクリームが好きです。）

Chapter4 に登場する重要な中国語単語

nǎi chá　　　　　　　　hóng chá　　　　　　dòng màn　　　　　màn huà
奶 茶：ミルクティー　／　红 茶：紅茶　／　动 漫：アニメ　／　漫 画：漫画

qiǎo kè lì
　巧 克 力：チョコレート

第8回 "我不去卡拉OK" —— 動詞の否定表現 "不" と "没"

Chapter1　動詞の否定表現 "不" と "没" について学ぶ。
場所：四川火鍋料理店の出口
　火鍋を食べた後、凛ちゃんはぐんぐんをカラオケに誘おうと思っています。

凛ちゃん：我们去卡拉OK吧。
（wǒ men qù kǎ lā ba）

ぐんぐん：我不去卡拉OK。我没做作业。
（wǒ bú qù kǎ lā　wǒ méi zuò zuò yè）

凛ちゃん：明天是最后期限！
（míng tiān shì zuì hòu qī xiàn）

語法文法
　中国語における動詞の否定表現の場合、"不" と "没" 2つの否定形があります。どちらも動詞の前に置く否定を表す表現ですが、意味に違いがあります。

①「主語＋"不"＋動詞＋目的語」（〜は…をしない）
　"不" は主観的な意志を否定するもので、動詞の前に置いて「〜しない」「〜するつもりはない」という意味を表します。

我不去学校。（私は学校に行きません。）

②「主語＋"没"＋動詞＋目的語」（〜は…をしなかった、〜は…をしていない）
　"没" は過去の出来事、過去の事実を否定するときに使われます。日本語の「〜しなかった」という意味になります。現在、未来の出来事に使うことができません。

我没去学校。（私は学校に行きませんでした。）

Chapter1 に登場する重要な中国語単語

我们（wǒ men）：私たち　／　去（qù）：行く　／　卡拉OK（kǎ lā）：カラオケ　／　吧（ba）：〜しましょう

做（zuò）：（料理を）作る・する　／　作业（zuò yè）：宿題　／　明天（míng tiān）：明日

最后期限（zuì hòu qī xiàn）：締め切り　／　学校（xué xiào）：学校

Chapter2　ぐんぐんと凛ちゃんの会話を日本語に訳してみよう。
凛ちゃん：＿＿＿＿＿＿＿＿＿＿＿＿＿＿＿＿＿＿＿＿＿＿＿＿＿＿＿＿＿＿＿＿
ぐんぐん：＿＿＿＿＿＿＿＿＿＿＿＿＿＿＿＿＿＿＿＿＿＿＿＿＿＿＿＿＿＿＿＿
凛ちゃん：＿＿＿＿＿＿＿＿＿＿＿＿＿＿＿＿＿＿＿＿＿＿＿＿＿＿＿＿＿＿＿＿

Chapter3　次の日本語を中国語に訳してみよう（かならずピンインも記すこと）。

（1）彼はテレビを見ませんでした。
ピンイン
中国語

（2）私はコーヒーを飲みません。
ピンイン
中国語

（3）私はゲームをしませんでした。
ピンイン
中国語

Chapter3 に登場する重要な中国語単語

kàn　　　　　　　　　diàn shì　　　　　　hē　　　　　kā fēi
看：見る・読む　／　电视：テレビ　／　喝：飲む　／　咖啡：コーヒー

dǎ yóu xì
打游戏：ゲームをする

Chapter4　これまでに習った言葉を使って、ペアワークで会話を練習してみよう。

会話1

　　　nǐ hē kā fēi ma
A：你喝咖啡吗？（あなたはコーヒーを飲みますか？）

　　　wǒ bù hē kā fēi　wǒ hē kě lè
B：我不喝咖啡。我喝可乐。（私はコーヒーを飲みません。私はコーラを飲みます。）

会話2

　　　nǐ xǐ huan dǎ yóu xì　dǎ bàng qiú ma
A：你喜欢打游戏／打棒球吗？（あなたはゲーム／野球をするのが好きですか？）

　　　wǒ bù xǐ huan dǎ yóu xì　dǎ bàng qiú
B：我不喜欢打游戏／打棒球。（私はゲーム／野球をするのが好きではありません。）

会話3

　　　wǒ men qù Dí shì ní ba
A：我们去迪士尼吧。（私たちはディズニーランドに行きましょうか？）

　　　wǒ bú qù Dí shì ní　wǒ hái méi zuò zuò yè
B：我不去迪士尼。我还没做作业。

　（私はディズニーランドに行きません。私はまだ宿題をしていません。）

Chapter4 に登場する重要な中国語単語

kě lè　　　　　　　xǐ huan　　　　　　dǎ bàng qiú
可乐：コーラ　／　喜欢：好き　／　打棒球：野球をする

Dí shì ní　　　　　　　　　hái méi
迪士尼：ディズニーランド　／　还没：まだ

第9回 "我在教室里"── 所在表現"在"

Chapter1　所在表現"在"について学ぶ。
場所：四川竹大学のキャンパス
　教科書を教室に忘れてしまったぐんぐんは、SNS で教室にいる凛ちゃんに連絡しています。

ぐんぐん：你 在 教 室 里 吗？我 的 课 本 在 教 室 的 桌 子 上 吗？
　　　　　nǐ zài jiào shì li ma wǒ de kè běn zài jiào shì de zhuō zi shang ma

凛ちゃん：我 在 教 室 里。你 的 课 本 在 桌 子 上 呢。
　　　　　wǒ zài jiào shì li nǐ de kè běn zài zhuō zi shang ne

ぐんぐん：我 现 在 去 教 室！
　　　　　wǒ xiàn zài qù jiào shì

語法文法
①「主語＋"在"＋場所」（…は〜にいる／…は〜にある）
　日本語では、「人がいる」、「物がある」というふうに「いる」と「ある」を使って区別していますが、中国語にはこういう区別はありません。人にも物にも動詞"在"を使って人や物が存在していることを表します。"在"は所在を表す名詞の前に置きます。「主語＋"在"＋場所」という形になります。

我在北京。（私は北京にいます。）
钱包在桌子上。（財布は机の上にあります。）

　ただし、"在"のうしろに来ている名詞が明確な国名・地名ではなく、冷蔵庫、机のような物の場合は、"桌子上"（机の上）のように、名詞のうしろに具体的な場所を説明できる方位詞を入れないといけません。

中国語	shàng mian 上（面）	xià mian 下（面）	lǐ mian 里（面）	wài mian 外（面）	qián mian 前（面）	hòu mian 后（面）	páng biān 旁边
日本語	上	下	中、内	外	前	うしろ	となり

②場所を表す代名詞
　中国語の場所を表す代名詞には、"这里"と"那里"二種類があります。話し手から近いところを指すときは、"这里"、遠いところを指すときは"那里"を使います。"在"のうしろにつけると、"在这里"（ここにいる／ある）"在那里"（そこに、あそこにいる／ある）と表現することができます。

便利店在这里。（コンビニはここにあります。）
银行在那里。（銀行はそこ／あそこにあります。）

Chapter1 に登場する重要な中国語単語
教室：教室（jiào shì）／ 课本：教科書（kè běn）／ 桌子：机・テーブル（zhuō zi）／ 现在：今・現在（xiàn zài）
去：行く（qù）／ 北京：北京（Běi jīng）／ 钱包：財布（qián bāo）／ 便利店：コンビニ（biàn lì diàn）
这里：ここ（zhè lǐ）／ 银行：銀行（yín háng）／ 那里：そこ・あそこ（nà lǐ）

Chapter2　ぐんぐんと凛ちゃんの会話を日本語に訳してみよう。

ぐんぐん：＿＿＿＿＿＿＿＿＿＿＿＿＿＿＿＿＿＿＿＿＿＿＿＿＿＿＿＿＿＿＿＿＿＿

凛ちゃん：＿＿＿＿＿＿＿＿＿＿＿＿＿＿＿＿＿＿＿＿＿＿＿＿＿＿＿＿＿＿＿＿＿＿

ぐんぐん：＿＿＿＿＿＿＿＿＿＿＿＿＿＿＿＿＿＿＿＿＿＿＿＿＿＿＿＿＿＿＿＿＿＿

Chapter3　次の日本語を中国語に訳してみよう（かならずピンインも記すこと）。

（1）　教科書はカバンの中にあります。

ピンイン

中国語＿＿＿＿＿＿＿＿＿＿＿＿＿＿＿＿＿＿＿＿＿＿＿＿＿＿＿＿＿＿＿＿＿＿＿

（2）　私は現在、京都にいます。

ピンイン

中国語＿＿＿＿＿＿＿＿＿＿＿＿＿＿＿＿＿＿＿＿＿＿＿＿＿＿＿＿＿＿＿＿＿＿＿

（3）　コンビニはそこにあります。

ピンイン

中国語＿＿＿＿＿＿＿＿＿＿＿＿＿＿＿＿＿＿＿＿＿＿＿＿＿＿＿＿＿＿＿＿＿＿＿

Chapter3 に登場する重要な中国語単語

bāo　　　　　　　　Jīng dū
包：カバン　／　京　都：京都

Chapter4　これまでに習った言葉を使って、ペアワークで会話を練習してみよう。

会話1

　　　nà shì nǐ de diàn nǎo ma
A：那 是 你 的 电 脑 吗？（それはあなたのパソコンですか？）

　　　bú shì　wǒ de diàn nǎo zài bāo li　zhuō zi shang
B：不 是，我 的 电 脑 在 包里／桌 子 上。

　（いいえ、私のパソコンはカバンの中／机の上にあります。）

会話2

　　　nǐ de mèi mei zài nǎ li
A：你 的 妹 妹 在 哪 里？（あなたの妹はどこにいますか？）

　　　wǒ de mèi mei zài gōng yuán　xué xiào li
B：我 的 妹 妹 在 公 园／学 校 里。（私の妹は公園／学校にいます。）

Chapter4 に登場する重要な中国語単語

nà　　　　　　　　diàn nǎo　　　　　　mèi mei　　　　　gōng yuán
那：それ・あれ　／　电 脑：パソコン　／　妹 妹：妹　／　公 园：公園

xué xiào
学 校：学校

第10回 "一个苹果"—— 数詞・量詞

Chapter1　中国語の量詞について学ぶ。
場所：四川竹大学のカフェ
　ぐんぐんと凛ちゃんは、毎週カフェで中国語会話を練習しようと約束しました。二人はカフェで注文しようとしています…

店　　員：　huān yíng guāng lín
　　　　　欢 迎 光 临！

ぐんぐん：　nǐ hǎo wǒ yào yì bēi kā fēi liǎng ge dàn gāo
　　　　　你 好，我 要 一 杯 咖 啡， 两 个 蛋 糕。

凛ちゃん：　nǐ hǎo wǒ yào yì bēi rè kě kě
　　　　　你 好，我 要 一 杯 热 可 可。

店　　員：　xiè xie qǐng shāo děng
　　　　　谢 谢，请 稍 等。

語法文法　量詞
　日本語で物や人を数えるときは、「〜枚、〜本、〜個」のように、数字のうしろに単位をつけるのが普通です。日本語の単位に当たるものを中国語では「量詞」と言います。「数詞＋量詞＋名詞」という並びになります。量詞と名詞の間の「の」は不要です。量詞は、数えるものの性質、形状によって使い分けられています。

・杯（コップに入っているものを数える）
　　一杯咖啡（1杯のコーヒー）、两杯水（2杯のお水）、三杯茶（3杯のお茶）
・把（取手のあるものを数える）
　　一把伞（1本の傘）、两把椅子（2脚の椅子）
・双（ペアになっているものを数える）
　　一双筷子（1組のお箸）、两双鞋（2組の靴）、三双袜子（3組の靴下）
・条（長細いものを数える）
　　一条裤子（1本のズボン）、两条河（2本の川）、三条路（3本の道）
・张（表面が平らなものを数える）
　　一张票（1枚のチケット）、两张桌子（2脚の机）、三张床（3台のベッド）
・本（書籍を数える）
　　一本书（1冊の本）、两本杂志（2冊の雑誌）
・只（小動物、鳥、虫を数える）
　　一只猫（1匹の猫）、两只鸟（2羽の鳥）
・辆（乗り物を数える）
　　一辆汽车（1台の自動車）、两辆摩托车（2台のオートバイ）
・台（機械を数える）
　　一台电视（1台のテレビ）、两台电脑（2台のパソコン）
・个（人やものを数える）
　　一个苹果（1つのりんご）、两个学生（2人の学生）

Chapter1 に登場する重要な中国語単語

欢迎光临(huān yíng guāng lín)：いらっしゃいませ ／ 要(yào)：〜もらう・〜を注文する ／ 一杯(yì bēi)：1杯
咖啡(kā fēi)：コーヒー ／ 两个(liǎng ge)：2個 ／ 蛋糕(dàn gāo)：ケーキ ／ 热可可(rè kě kě)：ホットココア
请稍等(qǐng shāo děng)：少々お待ちください ／ 水(shuǐ)：水 ／ 茶(chá)：お茶 ／ 伞(sǎn)：傘
椅子(yǐzi)：椅子 ／ 筷子(kuài zi)：お箸 ／ 鞋(xié)：靴 ／ 袜子(wà zi)：靴下 ／ 裤子(kù zi)：ズボン ／ 河(hé)：川
路(lù)：道 ／ 票(piào)：チケット ／ 桌子(zhuō zi)：机 ／ 床(chuáng)：ベッド ／ 书(shū)：本
杂志(zá zhì)：雑誌 ／ 猫(māo)：猫 ／ 鸟(niǎo)：鳥 ／ 汽车(qì chē)：自動車 ／ 摩托车(mó tuō chē)：オートバイ
电视(diàn shì)：テレビ ／ 电脑(diàn nǎo)：パソコン ／ 苹果(píng guǒ)：りんご ／ 学生(xué shēng)：学生

Chapter2　ぐんぐんと凛ちゃんの会話を日本語に訳してみよう。

店　員：
ぐんぐん：
凛ちゃん：
店　員：

Chapter3　次の日本語を中国語に訳してみよう（かならずピンインも記すこと）。

（1）4つのりんご。
ピンイン
中国語

（2）6冊の本。
ピンイン
中国語

（3）5本の傘。
ピンイン
中国語

（4）7組の靴下。
ピンイン
中国語

（5）私にお茶を8杯ください。
ピンイン
中国語

（6）私にチケットを9枚ください。
ピンイン
中国語

第11回 "蛋糕很好吃" —— 形容詞肯定文と程度副詞

Chapter1　形容詞について学ぶ。
場所：四川竹大学の竹林小道

　四川竹大学のキャンパスにはきれいな竹林があります。そこはぐんぐんが一番好きな場所です。ある日、ぐんぐんは凛ちゃんといっしょに竹林に遊びにきました…

ぐんぐん：今天很热。但是，竹林很凉快。
　　　　　jīn tiān hěn rè dàn shì zhú lín hěn liáng kuai

凛ちゃん：风景非常美。
　　　　　fēng jǐng fēi cháng měi

ぐんぐん：我的午餐是竹子。竹子特别好吃。
　　　　　wǒ de wǔ cān shì zhú zi zhú zi tè bié hǎo chī

語法文法
①「主語＋"很"＋形容詞」
　中国語の形容詞肯定文では、"是"を使いません。その代わりに、主語と形容詞の間にかならず程度副詞"很"を置きます。"很"はとくに意味がありません。ただの飾りです。

蛋糕很好吃。（ケーキはおいしいです。）
今天很凉快。（今日は涼しいです。）

②程度副詞
　主語と形容詞の間に置く"很"を程度副詞と言います。中国語の形容詞肯定文では、"很"以外にも"特别""非常""有点"などさまざまな程度副詞があります。

蛋糕特别好吃。（ケーキはとてもおいしいです。）
电脑非常贵。（パソコンが非常に高いです。）
今天有点热。（今日は少し暑いです。）

Chapter1 に登場する重要な中国語単語

今天 jīn tiān：今日 ／ 热 rè：暑い ／ 但是 dàn shì：でも ／ 竹林 zhú lín：竹林
凉快 liáng kuai：涼しい ／ 风景 fēng jǐng：風景 ／ 非常 fēi cháng：非常に ／ 美 měi：美しい
午餐 wǔ cān：昼ご飯 ／ 竹子 zhú zi：竹 ／ 特别 tè bié：とくに・とても
好吃 hǎo chī：(食べて)おいしい ／ 蛋糕 dàn gāo：ケーキ ／ 电脑 diàn nǎo：パソコン
贵 guì：(値段が)高い ／ 有点 yǒu diǎn：少し

Chapter2　ぐんぐんと凛ちゃんの会話を日本語に訳してみよう。
ぐんぐん：＿＿＿＿＿＿＿＿＿＿＿＿＿＿＿＿＿＿＿＿＿＿＿＿＿＿＿＿＿＿＿＿＿＿
凛ちゃん：＿＿＿＿＿＿＿＿＿＿＿＿＿＿＿＿＿＿＿＿＿＿＿＿＿＿＿＿＿＿＿＿＿＿

ぐんぐん：_____

Chapter3　次の日本語を中国語に訳してみよう（かならずピンインも記すこと）。

（1）今日の天気は暑いです。
ピンイン
中国語

（2）餃子はとてもおいしいです。（"特別"を使って）
ピンイン
中国語

（3）パソコンは少し（値段が）高いです。
ピンイン
中国語

Chapter3 に登場する重要な中国語単語

tiān qì　　　　　jiǎo zi
天　气：天気　／　饺　子：餃子

Chapter4　これまでに習った言葉を使って、ペアワークで会話を練習してみよう。

会話1

　　　jīn tiān de tiān qì hěn rè／lěng／liáng kuai
A：今　天　的　天　气　很　热／冷／凉　　快。（今日の天気は暑い／寒い／涼しいです。）
　　　shì de jīn tiān fēi cháng rè／lěng／liáng kuai
B：是 的，今　天　非　常　热／冷／凉　　快。
　（そうですね。今日は非常に暑い／寒い／涼しいです。）

会話2

　　　jiǎo zi tè bié hǎo chī
A：饺　子　特　别　好　吃。（餃子はとてもおいしいです。）
　　　shòu sī yě tè bié hǎo chī
B：寿　司 也　特　别　好　吃。（お寿司もとてもおいしいです。）

会話3

　　　nǐ de Zhōng wén fēi cháng hǎo
A：你　的　中　文　非　常　　好！（あなたの中国語はたいへん上手です！）
　　　xiè xie nǐ de Rì yǔ yě fēi cháng hǎo
B：谢　谢，你　的　日　语　也　非　常　　好！（ありがとう。あなたの日本語もたいへん上手です！）

Chapter4 に登場する重要な中国語単語

lěng　　　　　shòu sī　　　　　yě　　　　Zhōng wén　　　　hǎo
冷：寒い　／　寿　司：お寿司　／　也：も　／　中　文：中国語　／　好：上手・良い
Rì yǔ
日　语：日本語

第12回 "你不胖"——形容詞の否定表現と疑問表現

Chapter1　形容詞の否定表現と疑問表現について学ぶ。
場所：四川竹大学の竹林
　竹林で昼ご飯を食べた後、ぐんぐんは凛ちゃんに自分の体重が気になることを喋りはじめます…

ぐんぐん：　我很胖。但是，竹子非常好吃。
　　　　　　wǒ hěn pàng　dàn shì　zhú zi fēi cháng hǎo chī

凛ちゃん：　你不胖。
　　　　　　nǐ bú pàng

ぐんぐん：　真的吗？！我不胖吗？
　　　　　　zhēn de ma　　wǒ bú pàng ma

凛ちゃん：　你很可爱。
　　　　　　nǐ hěn kě ài

語法文法
①「主語＋"不"＋形容詞」、「主語＋"不太"＋形容詞」
　形容詞の否定表現を作るときは、形容詞の前の"很"を取って"不"を置きます。

蛋糕不好吃。（ケーキはおいしくないです。）

　形容詞の前に"不太"をつけると、「あまり…でない／それほど…でない」という部分否定を作ることができます。

蛋糕不太好吃。（ケーキはあまりおいしくないです。）

②「主語＋形容詞＋"吗？"」
　形容詞の疑問表現を作るときは、主語のうしろに、形容詞を置き、文末に"吗？"をつけます。

我胖吗？（私は太っていますか？）

Chapter1 に登場する重要な中国語単語
胖：太っている ／ 但是：でも ／ 竹子：竹 ／ 非常：非常に
pàng　　　　　　　dàn shì　　　　　zhú zi　　　　fēi cháng
好吃：(食べて)おいしい ／ 真的：本当に ／ 可爱：かわいい ／ 蛋糕：ケーキ
hǎo chī　　　　　　　　　zhēn de　　　　　　kě ài　　　　　　dàn gāo

Chapter2　ぐんぐんと凛ちゃんの会話を日本語に訳してみよう。
ぐんぐん：＿＿＿＿＿＿＿＿＿＿＿＿＿＿＿＿＿＿＿＿＿＿＿＿＿＿＿＿＿＿
凛ちゃん：＿＿＿＿＿＿＿＿＿＿＿＿＿＿＿＿＿＿＿＿＿＿＿＿＿＿＿＿＿＿
ぐんぐん：＿＿＿＿＿＿＿＿＿＿＿＿＿＿＿＿＿＿＿＿＿＿＿＿＿＿＿＿＿＿
凛ちゃん：＿＿＿＿＿＿＿＿＿＿＿＿＿＿＿＿＿＿＿＿＿＿＿＿＿＿＿＿＿＿

Chapter3 次の日本語を中国語に訳してみよう（かならずピンインも記すこと）。

（1）彼女の財布は（値段が）安くない。
ピンイン
中国語

（2）ケーキはおいしいですか？
ピンイン
中国語

（3）今日の天気はあまり暑くない。
ピンイン
中国語

> Chapter3 に登場する重要な中国語単語
> qián bāo　　　　　pián yi　　　　　　　tiān qì　　　　rè
> 钱　包：財布　／　便　宜：(値段が) 安い　／　天　气：天気　／　热：暑い

Chapter4 これまでに習った言葉を使って、ペアワークで会話を練習してみよう。

会話1
　　　dàn gāo hǎo chī ma
A：蛋　糕　好　吃　吗？（ケーキはおいしいですか？）
　　　dàn gāo bù hǎo chī
B：蛋　糕　不　好　吃。（ケーキはおいしくないです。）

会話2
　　　nǐ de qián bāo guì　pián yi ma
A：你 的 钱　包　贵 / 便　宜 吗？（あなたの財布は（値段が）高い／安いですか？）
　　　wǒ de qián bāo bú guì　bù pián yi
B：我 的 钱　包　不 贵 / 不　便　宜。（私の財布は（値段が）高くない／安くないです。）

会話3
　　　tā pàng　shòu ma
A：她　胖 / 瘦　吗？（彼女は太って／痩せていますか？）
　　　tā bú pàng　shòu
B：她 不　胖 / 瘦。（彼女は太って／痩せていないです。）

> Chapter4 に登場する重要な中国語単語
> guì　　　　　　　　shòu
> 贵：(値段が) 高い　／　瘦：痩せている

第13回 "我看了一本书" —— 完了の"了"（～してしまった）

Chapter1　完了の"了"について学ぶ。
場所：四川竹大学のカフェ

　凛ちゃんのお父さんは日本文学の先生です。いつも凛ちゃんに日本の名作を紹介します。凛ちゃんはぐんぐんと最近読んだ小説について話しています。

凛ちゃん：　昨　天，我　看　了　一　本　书。书　的　名　字　叫《我　是　猫》。
　　　　　 zuó tiān wǒ kàn le yì běn shū shū de míng zi jiào Wǒ shì māo

ぐんぐん：你　喜　欢　日　本　文　学　吗？
　　　　　 nǐ xǐ huan Rì běn wén xué ma

凛ちゃん：喜　欢。我　爸　爸　是　日　本　文　学　的　老　师。
　　　　　 xǐ huan wǒ bà ba shì Rì běn wén xué de lǎo shī

語法文法
①「主語＋動詞＋"了"＋目的語」（～は…を～してしまった）
　"了"は、動作の完了・実現を表す助詞で、動詞のうしろにつけて「～してしまった」という意味を表します。注意してほしいのは、過去だけではなく、未来にも使うことができることです。

我买了两只猫。（私は猫を２匹買いました。）
明天吃了饭，我们看电影吧。（明日ご飯を食べたら、私たちは映画を見ましょう。）

②「主語＋"没"＋動詞＋目的語」（～は…を～しなかった）
　完了を表す"了"の否定表現は、"了"を取って動詞の前に"没"をつけます。

我没买猫。（私は猫を買いませんでした。）（→第８回　動詞の否定表現"不"と"没"）

Chapter1 に登場する重要な中国語単語

昨　天：昨日　／　看：見る・読む　／　～本：～冊　／　书：本　／　名字：名前
zuó tiān　　　　　　 kàn　　　　　　　　 běn　　　　　 shū　　　　　 míng zi

猫：猫　／　喜　欢：好き　／　文学：文学　／　爸爸：お父さん　／　老　师：先生
māo　　　　 xǐ huan　　　　　　 wén xué　　　　　 bà ba　　　　　　　 lǎo shī

买：買う　／　～只：～匹　／　明　天：明日　／　电　影：映画
mǎi　　　　　　zhī　　　　　　　 míng tiān　　　　　 diàn yǐng

Chapter2　ぐんぐんと凛ちゃんの会話を日本語に訳してみよう。
凛ちゃん：_____
ぐんぐん：_____
凛ちゃん：_____

Chapter3　次の日本語を中国語に訳してみよう（かならずピンインも記すこと）。
（１）私はコーヒーを１杯飲みました。
ピンイン_____
中国語_____

（2）彼女はチケットを2枚買いました。
ピンイン
中国語

（3）彼は絵を3枚描きました。
ピンイン
中国語

Chapter3 に登場する重要な中国語単語

hē　　　　　　　bēi　　　　　　kā fēi　　　　　　mǎi　　　　　zhāng
喝：飲む　／　～杯：～杯　／　咖啡：コーヒー　／　买：買う　／　～张：～枚

piào　　　　　　huà　　　　　　huà
票：チケット　／　画（動詞）：描く　／　画（名詞）：絵

Chapter4　これまでに習った言葉を使って、ペアワークで会話を練習してみよう。

会話1

　　　nǐ xǐ huan tīng yīn yuè　kàn diàn yǐng ma
A：你 喜 欢　听　音 乐／看　电　影　吗？（あなたは音楽／映画が好きですか？）

　　　xǐ huan　zuó tiān wǒ qù le yīn yuè huì　diàn yǐng yuàn
B：喜 欢。昨 天 我 去 了 音 乐 会／电 影　院。
　（好きです。昨日、私は音楽会／映画館に行きました。）

会話2

　　　nǐ xǐ huan kàn shū ma
A：你 喜 欢 看 书 吗？（あなたは読書が好きですか？）

　　　xǐ huan　zuó tiān wǒ kàn le sān běn shū
B：喜 欢。昨 天 我 看 了 三 本 书。（好きです。昨日、私は本を3冊読みました。）

会話3

　　　wǒ huà le liǎng zhāng huà
A：我 画 了 两　张　画。（私は絵を2枚描きました。）

　　　nǐ de huà tè bié hǎo kàn
B：你 的 画 特 别 好 看！（あなたの絵はとくにきれいです！）

Chapter4 に登場する重要な中国語単語

tīng　　　　　　yīn yuè　　　　　　　qù　　　　　yīn yuè huì
听：聞く　／　音 乐：音楽　／　去：行く　／　音 乐 会：音楽会

diàn yǐng yuàn　　　　　　tè bié　　　　　　hǎo kàn
电 影　院：映画館　／　特 别：とくに・とても　／　好 看：きれい

第14回 "你去过演唱会吗？" —— 助詞 "过"（～したことがある）

Chapter1　助詞 "过" について学ぶ。
場所：四川竹大学のカフェ

　音楽ジャンルの「ロック」を中国語でいうと "摇滚" といいます。ロックが好きなぐんぐん（滚滚）の名前はそこから来ています。ぐんぐんと凛ちゃんは音楽について話しています。

ぐんぐん：你去过演唱会吗？
　　　　　nǐ qù guo yǎn chàng huì ma

凛ちゃん：我去过日本乐队的演唱会。
　　　　　wǒ qù guo Rì běn yuè duì de yǎn chàng huì

ぐんぐん：好羡慕！我买过日本乐队的专辑。
　　　　　hǎo xiàn mù　wǒ mǎi guo Rì běn yuè duì de zhuān jí

凛ちゃん：日本乐队的歌很好听。
　　　　　Rì běn yuè duì de gē hěn hǎo tīng

語法文法

①「主語＋動詞＋"过"＋目的語」（～は…を～したことがあります）
　動詞のうしろに、助詞 "过" をつけて「～したことがある」という過去の経験を表します。

我去过中国。（私は中国に行ったことがあります。）
她们吃过日本料理。（彼女たちは日本料理を食べたことがあります。）

②「主語＋動詞＋"过"＋目的語＋"吗？"」（～は…を～したことがありますか？）
　文末に疑問助詞 "吗？" をつけることによって疑問文を作ることができます。

你去过中国吗？（あなたは中国に行ったことがありますか？）
他学过法语吗？（彼はフランス語を学んだことがありますか？）

③「主語＋"没"＋動詞＋"过"＋目的語」（～は…を～したことがありません）
　"过" の否定表現は、動詞の前に "没" をつけます。"过" は残したままにします。

我没去过中国。（私は中国に行ったことがありません。）
他没学过法语。（彼はフランス語を学んだことがありません。）

Chapter1 に登場する重要な中国語単語

去：行く（qù） ／ 演唱会：コンサート（yǎn chàng huì） ／ 日本乐队：日本のバンド（Rì běn yuè duì）
好羡慕：羨ましい（hǎo xiàn mù） ／ 买：買う（mǎi） ／ 专辑：アルバム（zhuān jí） ／ 歌：歌（gē）
好听：(曲が)いい（hǎo tīng） ／ 中国：中国（Zhōng guó） ／ 日本料理：日本料理（Rì běn liào lǐ） ／ 学：学ぶ（xué）
法语：フランス語（Fǎ yǔ）

Chapter2　ぐんぐんと凛ちゃんの会話を日本語に訳してみよう。
ぐんぐん：
凛ちゃん：
ぐんぐん：
凛ちゃん：

Chapter3　次の日本語を中国語に訳してみよう（かならずピンインも記すこと）。
（1）私は中華料理を食べたことがあります。
ピンイン
中国語

（2）あなたは東京に行ったことがありますか？
ピンイン
中国語

（3）彼は中国語を学んだことがありません。
ピンイン
中国語

Chapter3 に登場する重要な中国語単語

　chī　　　　　　　zhōng cān　　　　　　Dōng jīng　　　　　　Zhōng wén
　吃：食べる　／　中　餐：中華料理　／　东　京：東京　／　中　文：中国語

Chapter4　これまでに習った言葉を使って、ペアワークで会話を練習してみよう。

会話1
　　　nǐ qù guo yǎn chàng huì　yīn yuè huì ma
A：你 去 过 演 唱 会／音 乐 会 吗？
　　（あなたはコンサート／音楽会に行ったことがありますか？）
　　　wǒ qù guo yǎn chàng huì　yīn yuè huì
B：我 去 过 演 唱 会／音 乐 会。（私はコンサート／音楽会に行ったことがあります。）

会話2
　　　nǐ xué guo Zhōng wén　Hán yǔ ma
A：你 学 过 中 文／韩 语 吗？（あなたは中国語／韓国語を学んだことがありますか？）
　　　wǒ méi xué guo Zhōng wén　Hán yǔ
B：我 没 学 过 中 文／韩 语。（私は中国語／韓国語を学んだことがありません。）

Chapter4 に登場する重要な中国語単語

　yīn yuè huì　　　　　Hán yǔ
　音 乐 会：音楽会　／　韩 语：韓国語

第15回 "我在看电视"── 動作の進行"在"（…ところ）

Chapter1　動作の進行"在"について学ぶ。
場所：凛ちゃんの家
　凛ちゃんは家でのんびりしています。急にぐんぐんから電話がきました…

ぐんぐん：喂，你好。
　　　　　wéi nǐ hǎo

凛ちゃん：滚滚，你好。
　　　　　Gǔn gǔn nǐ hǎo

ぐんぐん：我在做饭。我们一起吃吧。
　　　　　wǒ zài zuò fàn wǒ men yì qǐ chī ba

凛ちゃん：哇！你在做中餐吗？
　　　　　wā nǐ zài zuò zhōng cān ma

ぐんぐん：是，我在做四川火锅！
　　　　　shì wǒ zài zuò sì chuān huǒ guō

語法文法
「主語＋"在"＋動詞」（～しているところ）
　動作の進行を表すときに、副詞"在"を使います。"在"は動詞の前に置いて「～しているところだ」という進行の意味を表します。語順は「主語＋"在"＋動詞」となります。

我在做饭。（私はご飯を作っています。）
她们在听音乐。（彼女たちは音楽を聞いています。）

　相手の現在の状況を尋ねるときは、"你在做什么？"となります。

你在做什么？（あなたは何をしていますか？）
我在吃饭。（私はご飯を食べています。）

Chapter1 に登場する重要な中国語単語
喂：もしもし　／　做：(料理を)作る・する　／　饭：ご飯　／　我们：私たち
　wéi　　　　　　　　zuò　　　　　　　　　　　fàn　　　　　　wǒ men
一起：いっしょに　／　哇（感嘆詞）：驚きを表す　／　中餐：中華料理
　yì qǐ　　　　　　　　wā　　　　　　　　　　　　　zhōng cān
四川火锅：四川火鍋　／　听：聞く　／　音乐：音楽　／　什么：何・どんな
　Sì chuān huǒ guō　　　tīng　　　　　yīn yuè　　　　　shén me

Chapter2　ぐんぐんと凛ちゃんの会話を日本語に訳してみよう。
ぐんぐん：_____
凛ちゃん：_____
ぐんぐん：_____
凛ちゃん：_____
ぐんぐん：_____

Chapter3　次の日本語を中国語に訳してみよう（かならずピンインも記すこと）。

（1）　私は手紙を書いています。
ピンイン
中国語

（2）彼はオレンジジュースを飲んでいます。
ピンイン
中国語

（3）彼女はギターを弾いています。
ピンイン
中国語

Chapter3 に登場する重要な中国語単語

xiě　　　　　xìn　　　　　hē　　　　　chéng zhī　　　　　tán
写：書く　／　信：手紙　／　喝：飲む　／　橙　汁：オレンジジュース　／　弾：弾く
jí tā
吉 他：ギター

Chapter4　これまでに習った言葉を使って、ペアワークで会話を練習してみよう。

会話1
　　　nǐ zài zuò shén me
A：你 在 做 什 么？（あなたは何をしていますか？）
　　　wǒ zài tīng yīn yuè　guǎng bō
B：我 在 听 音 乐／广 播。（私は音楽／ラジオを聞いています。）

会話2
　　　nǐ zài zuò shén me
A：你 在 做 什 么？（あなたは何をしていますか？）
　　　wǒ zài xué Zhōng wén　Yīng yǔ
B：我 在 学 中 文／英 语。（私は中国語／英語を学んでいます。）

会話3
　　　tā zài zuò shén me
A：他 在 做 什 么？（彼は何をしていますか？）
　　　tā zài huà huà
B：他 在 画 画 。（彼は絵を描いています。）

Chapter4 に登場する重要な中国語単語

guǎng bō　　　　　xué　　　　　Zhōng wén　　　　　Yīng yǔ
　广　播：ラジオ　／　学：学ぶ　／　中　文：中国語　／　英　语：英語
huà　　　　　　huà
画（動詞）：描く　／　画（名詞）：絵

第16回 "门开着呢" ── 状態の持続 "着"

Chapter1 状態の持続 "着" について学ぶ。
場所：ぐんぐんのお父さんのお店　四川火鍋料理店

凛ちゃんは電話で住所を聞き、ぐんぐんの家に遊びに行きました。そこは凛ちゃんの誕生日に来たお店でした。不思議に感じた凛ちゃんは、お店のドアをノックします…

ぐんぐん：请　进，门　开　着　呢。
　　　　　qǐng jìn mén kāi zhe ne

凛ちゃん：这　是　你　家　吗？
　　　　　zhè shì nǐ jiā ma

ぐんぐん：是，二　层　是　我　家。这　是　我　爸　爸　的　餐　厅。
　　　　　shì èr céng shì wǒ jiā zhè shì wǒ bà ba de cān tīng

語法文法
「主語＋動詞＋"着"＋（目的語）」

中国語では、助詞 "着" を動詞のうしろにつけて動作や状態の持続、または動作の結果が継続していることを表します。会話では文末に "呢" をつけることが多いです。

门开着。（ドアが開いています。）＊動作結果の継続
她戴着眼镜呢。（彼女はメガネをかけています。）＊状態の持続

Chapter1 に登場する重要な中国語単語

请：〜してください　／　进：入る　／　门：ドア
qǐng　　　　　　　　　jìn　　　　　　　mén

开：開く・開ける・（電気を）つける　／　这：これ　／　家：家　／　〜层：〜階
kāi　　　　　　　　　　　　　　　　　　　zhè　　　　　　　jiā　　　　　　céng

爸爸：お父さん　／　餐厅：料理店（レストランも含む）
bà ba　　　　　　　　cān tīng

戴：（メガネを）かける・（帽子を）かぶる・（腕時計を）つける　／　眼镜：メガネ
dài　　　　　　　　　　　　　　　　　　　　　　　　　　　　　　　yǎn jìng

Chapter2　ぐんぐんと凛ちゃんの会話を日本語に訳してみよう。
ぐんぐん：_____
凛ちゃん：_____
ぐんぐん：_____

Chapter3　次の日本語を中国語に訳してみよう（かならずピンインも記すこと）。
（1）彼はメガネをかけています。
ピンイン_____
中国語_____

（2）彼女はスカートをはいています。
ピンイン
中国語

（3）彼らはリュックサックを背負っています。
ピンイン
中国語

Chapter3 に登場する重要な中国語単語

chuān　　　　　　　　　　　　　　　　　　qún zi　　　　　　　　tā men
　穿：(服を) 着る・(スカート、靴を) はく　／　裙子：スカート　／　他们：彼ら
bēi　　　　　　shū bāo
　背：背負う　／　书包：リュックサック

Chapter4　これまでに習った言葉を使って、ペアワークで会話を練習してみよう。

会話1

　　　wǒ kě yǐ jìn lái ma
A：我 可 以 进 来 吗？（私は入ってもいいですか？）

　　　qǐng jìn
B：请 进。（入ってください。）

会話2

　　　nǐ rè ma
A：你 热 吗？（あなたは暑いですか？）

　　　kōng tiáo kāi zhe ne bú rè
B：空 调 开 着 呢。不 热。（エアコンがついています。暑くないです。）

会話3

　　　fáng jiān yǒu diǎn lěng
A：房 间 有 点 冷。（部屋は少し寒いです。）

　　　mén kāi zhe ne wǒ guān mén
B：门 开 着 呢。我 关 门。（ドアが開いています。私はドアを閉めます。）

Chapter4 に登場する重要な中国語単語

jìn lái　　　　　　　rè　　　　　　kōng tiáo　　　　　　　fáng jiān
进来：入ってくる　／　热：暑い　／　空 调：エアコン　／　房 间：部屋
yǒu diǎn　　　　　lěng　　　　　guān
有 点：少し　／　冷：寒い　／　关：閉める・(電気を) 消す

第17回 "飞机要起飞了" ── 未来表現 "要〜了"（もうすぐ〜になる）

Chapter1　未来表現 "要〜了" について学ぶ。
場所：四川航空　機内

いつの間にか前期の授業が終わりました。夏休み中、凛ちゃんとぐんぐんはいっしょに北京へ旅行に行くことにしました。2人は、機内で会話をしています。

ぐんぐん：飞机要起飞了。我有点紧张。
　　　　　fēi jī yào qǐ fēi le wǒ yǒu diǎn jǐn zhāng

凛ちゃん：不要紧张。
　　　　　bú yào jǐn zhāng

3時間後…

ぐんぐん：我们要到北京了！
　　　　　wǒ men yào dào Běi jīng le

凛ちゃん：真快。
　　　　　zhēn kuài

語法文法

① 「主語＋"要"＋動詞＋"了"」

中国語では未来のことを表現するとき、"要〜了"という形を使います。主語のうしろ、動詞の前に"要"をつけて"了"を文末に置いて「もうすぐ〜になる」という直近の未来、何らかの出来事がまもなくおこることを表します。文末の"了"は、完了ではなく、変化の意味となります。

天要下雨了。（もうすぐ雨が降るだろう。）
他要来了。（彼はもうすぐ来ます。）

② 「主語＋"要"＋動詞＋"了"＋"吗？"」

"要〜了"を疑問表現にするときは、"了"のうしろ、つまり文末に疑問終助詞"吗？"をつけます。

飞机要起飞了吗？（飛行機はもうすぐ離陸しますか？）
是／还没。（はい／まだです。）

Chapter1 に登場する重要な中国語単語

飞机：飛行機　／　起飞：離陸する　／　有点：少し
fēi jī　　　　　　　qǐ fēi　　　　　　　yǒu diǎn

紧张（形容詞・動詞）：緊張している・緊張する　／　不要：〜しないで
jǐn zhāng　　　　　　　　　　　　　　　　　　　　bú yào

我们：私たち　／　到：到着する・着く　／　北京：北京　／　真：本当に
wǒ men　　　　　　dào　　　　　　　　　　Běi jīng　　　　　zhēn

快：早い　／　天：空　／　下雨：雨が降る　／　来：くる　／　还没：まだ
kuài　　　　　tiān　　　　xià yǔ　　　　　　　　lái　　　　　hái méi

Chapter2　ぐんぐんと凛ちゃんの会話を日本語に訳してみよう。

ぐんぐん：_____

凛ちゃん：＿＿＿＿＿＿＿＿＿＿＿＿＿＿＿＿＿＿＿＿＿＿＿＿＿＿＿
ぐんぐん：＿＿＿＿＿＿＿＿＿＿＿＿＿＿＿＿＿＿＿＿＿＿＿＿＿＿＿
凛ちゃん：＿＿＿＿＿＿＿＿＿＿＿＿＿＿＿＿＿＿＿＿＿＿＿＿＿＿＿

Chapter3　次の日本語を中国語に訳してみよう（かならずピンインも記すこと）。

（1）彼女はもうすぐ家に着きます。
ピンイン
中国語

（2）もうすぐ下校します。
ピンイン
中国語

（3）あなたはもうすぐフランスに行きますか？
ピンイン
中国語

Chapter3 に登場する重要な中国語単語

jiā　　　　　　　　fàng xué　　　　　　　　qù　　　　　　Fǎ guó
家：家　／　放 学：下校する　／　去：行く　／　法 国：フランス

Chapter4　これまでに習った言葉を使って、ペアワークで会話を練習してみよう。

会話1
　　　yào fàng shǔ jià　hán jià le
A：要 放 暑 假／寒 假 了。（もうすぐ夏休み／冬休みです。）
　　　zhēn kāi xīn
B：真 开 心！（本当にうれしいです！）

会話2
　　　wǒ men yào xià kè le ma
A：我 们 要 下 课 了 吗？（もうすぐ授業が終わりますか？）
　　　hái méi
B：还 没。（まだです。）

会話3
　　　yào kǎo shì le
A：要 考 试 了。（もうすぐ試験になります。）
　　　wǒ yǒu diǎn jǐn zhāng
B：我 有 点 紧 张。（私は少し緊張しています。）

Chapter4 に登場する重要な中国語単語

fàng shǔ jià　　　　　　　　　hán jià　　　　　　　　kāi xīn
放 暑 假：夏休みになる　／　寒 假：冬休み　／　开 心：うれしい
xià kè　　　　　　　　kǎo shì
下 课：授業が終わる　／　考 试：試験になる

第18回 "我们明天去故宫" —— 時間詞を入れて未来を表す

Chapter1　時間詞について学ぶ。

場所：北京のホテル

　ぐんぐんと凛ちゃんは、北京のホテルに着きました。2人はホテルルームの窓から北京の観光名所「故宮」の風景を眺めています。

ぐんぐん：你看，那是故宫。
　　　　　nǐ kàn　nà shì Gù gōng

凛ちゃん：哇！这个酒店真豪华！
　　　　　wā　zhè ge jiǔ diàn zhēn háo huá

ぐんぐん：我们今天晚上吃北京烤鸭，明天去故宫。
　　　　　wǒ men jīn tiān wǎn shang chī Běi jīng kǎo yā, míng tiān qù Gù gōng

語法文法

①「主語＋時間詞＋動詞＋（目的語）」

　中国語では、未来であることを示す助詞を使わなくても、"明天"（明日）"下星期"（来週）のような具体的な時間を表す言葉を文頭または主語と動詞の間に入れることで、未来のことを表現することができます。

飞机明天起飞。（飛行機は明日に離陸します。）

②文中に挿入し、過去・現在・未来の出来事であることを示す言葉（これを時間詞といいます）には、次のようなものがあります。

年	qián nián 前年（前年）	qù nián 去年（去年）	jīn nián 今年（今年）	míng nián 明年（来年）	hòu nián 后年（再来年）
月	shàng shàng ge yuè 上上个月（先々月）	shàng ge yuè 上个月（先月）	zhè ge yuè 这个月（今月）	xià ge yuè 下个月（来月）	xià xià ge yuè 下下个月（再来月）
週	shàng shàng xīng qī 上上星期（先々週）	shàng xīng qī 上星期（先週）	zhè ge xīng qī 这个星期（今週）	xià xīng qī 下星期（来週）	xià xià xīng qī 下下星期（再来週）
日	qián tiān 前天（おととい）	zuó tiān 昨天（昨日）	jīn tiān 今天（今日）	míng tiān 明天（明日）	hòu tiān 后天（あさって）
時間帯	zǎo shang 早上（朝）	shàng wǔ 上午（午前）	zhōng wǔ 中午（昼）	xià wǔ 下午（午後）	wǎn shang 晚上（夜）

Chapter1に登場する重要な中国語単語

你看(nǐ kàn)：ほら　／　故宫(Gù gōng)：故宮　／　哇(wā)（感嘆詞）：驚きを表す　／　酒店(jiǔ diàn)：ホテル

真(zhēn)：本当に　／　豪华(háo huá)：豪華　／　北京烤鸭(Běi jīng kǎo yā)：北京ダック　／　去(qù)：行く

飞机(fēi jī)：飛行機　／　起飞(qǐ fēi)：離陸する

Chapter2　ぐんぐんと凛ちゃんの会話を日本語に訳してみよう。

ぐんぐん：＿＿＿＿＿＿＿＿＿＿＿＿＿＿＿＿＿＿＿＿＿＿＿＿＿＿＿＿＿＿＿＿＿

凛ちゃん：＿＿＿＿＿＿＿＿＿＿＿＿＿＿＿＿＿＿＿＿＿＿＿＿＿＿＿＿＿＿＿＿＿

ぐんぐん：＿＿＿＿＿＿＿＿＿＿＿＿＿＿＿＿＿＿＿＿＿＿＿＿＿＿＿＿＿＿＿＿＿

Chapter3　次の日本語を中国語に訳してみよう（かならずピンインも記すこと）。

（1）私は明日の午後に家に帰ります。

ピンイン

中国語＿＿＿＿＿＿＿＿＿＿＿＿＿＿＿＿＿＿＿＿＿＿＿＿＿＿＿＿＿＿＿＿＿＿＿

（2）彼らは来週北京に行きます。

ピンイン

中国語＿＿＿＿＿＿＿＿＿＿＿＿＿＿＿＿＿＿＿＿＿＿＿＿＿＿＿＿＿＿＿＿＿＿＿

（3）彼女は来年卒業します。

ピンイン

中国語＿＿＿＿＿＿＿＿＿＿＿＿＿＿＿＿＿＿＿＿＿＿＿＿＿＿＿＿＿＿＿＿＿＿＿

Chapter3 に登場する重要な中国語単語

回：帰る（huí）　／　家：家（jiā）　／　毕业：卒業する（bì yè）

Chapter4　これまでに習った言葉を使って、ペアワークで会話を練習してみよう。

会話1

A：我 <u>今天晚上</u>／<u>明天中午</u> 吃 北京 烤 鸭。
（wǒ jīn tiān wǎn shang／míng tiān zhōng wǔ chī Běi jīng kǎo yā）

（私は<u>今日の夜</u>／<u>明日の昼</u>、北京ダックを食べます。）

B：真 好。我 <u>今天晚上</u>／<u>明天中午</u> 吃 寿 司。
（zhēn hǎo wǒ jīn tiān wǎn shang／míng tiān zhōng wǔ chī shòu sī）

（本当にいいですね。私は<u>今日の夜</u>／<u>明日の昼</u>、寿司を食べます。）

会話2

A：我 <u>这个月</u>／<u>下个月</u> 去 东 京。（私は<u>今月</u>／<u>来月</u>東京に行きます。）
（wǒ zhè ge yuè／xià ge yuè qù Dōng jīng）

B：祝 你 一 路 平 安。（道中気をつけて。）
（zhù nǐ yí lù píng ān）

Chapter4 に登場する重要な中国語単語

真：本当に（zhēn）　／　寿司：お寿司（shòu sī）　／　东京：東京（Dōng jīng）

祝你一路平安：道中気をつけて（zhù nǐ yí lù píng ān）

第19回 "我们下午在胡同散步" —— 動作の行われる場所や時間を表す

Chapter1 「主語＋時間＋場所＋動詞」について学ぶ。
場所：北京のフートン

凛ちゃんとぐんぐんは北京のフートンで散策しています。路地の両側にレトロな喫茶店が並んでいます。

凛ちゃん：
wǒ men xià wǔ zài Hú tòng sàn bù
我们下午在胡同散步。

ぐんぐん：
Hú tòng de kā fēi guǎn hěn piāo liang
胡同的咖啡馆很漂亮。

wǒ men zài kā fēi guǎn hē kā fēi ba
我们在咖啡馆喝咖啡吧。

凛ちゃん：
hǎo wǎn shang zài shāng chǎng gòu wù
好。晚上在商场购物。

語法文法

①「主語＋"在"＋場所＋動詞＋（目的語）」（…は～で…します）
　"在"は動詞の前に置いて「～している」という動作の進行形を表します（→第15回）。"在"は動作の行われる場所を提示する意味でも使われています。日本語の「どこで」の「～で」にあたります。「主語＋"在"＋場所＋動詞」という並びになります。"在"のうしろに場所の名詞が来ています。注意していただきたいのは、場所情報「"在"＋場所」はかならず動詞の前に置くことです。

我在银座购物。（私は銀座でショッピングします。）
她在咖啡馆喝咖啡。（彼女はカフェでコーヒーを飲みます。）

②「主語＋時間＋"在"＋場所＋動詞」
　中国語では、動作の行われる時間や場所を表すには、よく「主語＋時間＋"在"＋場所＋動詞」という形を使います。時間情報は、場所情報の前に置くことが一般的です。

他昨天上午在图书馆学习。（彼は昨日の午前中、図書館で勉強しました。）
她下个月在北京工作。／下个月她在北京工作。（彼女は来月、北京で働きます。）

Chapter1 に登場する重要な中国語単語

wǒ men　　　　　　xià wǔ　　　　　　Hú tòng
我们：私たち　／　下午：午後　／　胡同：フートン（北京市内の路地）

sàn bù　　　　　　kā fēi guǎn　　　　　　piāo liang　　　　　　hē
散步：散歩する　／　咖啡馆：カフェ　／　漂亮：きれい　／　喝：飲む

kā fēi　　　　　　ba　　　　　　hǎo　　　　　　wǎn shang
咖啡：コーヒー　／　～吧：～しましょう　／　好：いい　／　晚上：夜

shāng chǎng　　　　　　gòu wù　　　　　　　　Yín zuò
商场：デパート　／　购物：ショッピングする　／　银座：銀座

zuó tiān　　　　　　shàng wǔ　　　　　　tú shū guǎn　　　　　　xué xí
昨天：昨日　／　上午：午前　／　图书馆：図書館　／　学习：勉強する

xià ge yuè　　　　　　Běi jīng　　　　　　gōng zuò
下个月：来月　／　北京：北京　／　工作：働く

Chapter2　ぐんぐんと凛ちゃんの会話を日本語に訳してみよう。

凛ちゃん：_____

ぐんぐん：_____

_____

凛ちゃん：_____

Chapter3　次の日本語を中国語に訳してみよう（かならずピンインも記すこと）。

（１）私は来月東京で働きます。

ピンイン_____

中国語_____

（２）彼女らは明日銀座でショッピングします。

ピンイン_____

中国語_____

（３）私は今日の午後、鴨川で散歩します。

ピンイン_____

中国語_____

Chapter3 に登場する重要な中国語単語

Dōng jīng　　　　　tā men　　　　　　míng tiān　　　　jīn tiān
东　京：東京　／　她 们：彼女ら　／　明　天：明日　／　今　天：今日

Yā chuān
鸭　川：鴨川

Chapter4　これまでに習った言葉を使って、ペアワークで会話を練習してみよう。

会話１

　　wǒ jīn tiān zài Yā chuān　gōng yuán sàn bù
A：我 今 天 在 鸭 川／公 园 散 步。(私は今日鴨川／公園で散歩します。)

　　wǒ míng tiān zài Yín zuò　chāo shì gòu wù
B：我 明 天 在 银 座／超 市 购 物。(私は明日銀座／スーパーでショッピングします。)

会話２

　　wǒ xià wǔ zài kā fēi guǎn hē kā fēi
A：我 下 午 在 咖 啡 馆 喝 咖 啡。(私は午後、カフェでコーヒーを飲みます。)

　　wǒ wǎn shang zài diàn yǐng yuàn kàn diàn yǐng
B：我 晚 上 在 电 影 院 看 电 影。(私は夜、映画館で映画を見ます。)

Chapter4 に登場する重要な中国語単語

gōng yuán　　　　chāo shì　　　　　diàn yǐng yuàn
公 园：公園　／　超 市：スーパー　／　电 影 院：映画館

kàn　　　　　　diàn yǐng
看：見る・読む／　电 影：映画

第20回 "我会说中文" ── 可能助動詞 "会、能、可以"

Chapter1　可能助動詞の使い方について学ぶ。

場所：四川竹大学の教室
　授業が終わった後、ぐんぐんは凛ちゃんに中国語で話しかけます。

ぐんぐん：你 能 听 懂 我 的 中 文 吗？
　　　　　nǐ néng tīng dǒng wǒ de Zhōng wén ma

凛ちゃん：能。我 会 说 中 文，但 是，我 的 中 文 不 好。
　　　　　néng　wǒ huì shuō Zhōng wén　dàn shì　wǒ de Zhōng wén bù hǎo
　　　　　你 可 以 教 我 吗？
　　　　　nǐ kě yǐ jiāo wǒ ma

ぐんぐん：当 然 可 以。你 的 中 文 很 好。
　　　　　dāng rán kě yǐ　nǐ de Zhōng wén hěn hǎo

語法文法

　日本語の「～できる」という可能の助動詞に対応する中国語は"会""能""可以"の3つがあります。どの言葉を使うかは状況に応じて判断することになります。

①可能助動詞 "会"
　練習や学習を通じて、基本的な技術をマスターして「～できる」という意味を表します。"会"は動詞の前につけます。最低限度の能力を身につけているというニュアンスを内包しています。
我会说中文。（私は中国語を話すことができます。）
她会开车。（彼女は車を運転することができます。）
　＊車を運転するという基礎技能を持つというニュアンスをともなっています。

②可能助動詞 "能"
　"能"は動詞の前につけて、能力があるというニュアンスを表します。"会"が最低限度の能力を持っているというニュアンスを内包しているのに対して"能"は能力の高さを言うときに使います。また、"能"は客観的条件が揃っているというニュアンスを内包して「できる」という意味を表すこともあります。
她能开车。（彼女は車を運転することができます。）
　＊運転免許証を持っているなど客観的条件が満たされているというニュアンスをともなっています。

③可能助動詞 "可以"
　"可以"は動詞の前に置いて「～してもいい」「～してもかまわない」という許可の意味を表します。
你可以进来。（あなたは入ってもいいです。）
这里可以拍照吗？（ここ、写真を撮ってもいいですか？）

Chapter1 に登場する重要な中国語単語
听懂：聞き取る　/　中文：中国語　/　说：話す　/　但是：でも
　tīng dǒng　　　　　　　Zhōng wén　　　　　shuō　　　　　dàn shì
好：良い　/　教：教える　/　当然：もちろん　/　开车：車を運転する
　hǎo　　　　　jiāo　　　　　　　dāng rán　　　　　　　kāi chē
进来：入ってくる　/　这里：ここ　/　拍照：写真を撮る
　jìn lái　　　　　　　　zhè lǐ　　　　　　pāi zhào

Chapter2　ぐんぐんと凛ちゃんの会話を日本語に訳してみよう。

ぐんぐん：_____
凛ちゃん：_____
ぐんぐん：_____

Chapter3　次の日本語を中国語に訳してみよう（かならずピンインも記すこと）。

（1）彼は中国語を話すことができます。（"会"を使って）

ピンイン_____

中国語_____

（2）私は四川火鍋を食べることができます。（"能"を使って）

ピンイン_____

中国語_____

（3）私はここに座ってもいいですか？（"可以"を使って）

ピンイン_____

中国語_____

Chapter3 に登場する重要な中国語単語

Sì chuān huǒ guō　　　　　　chī　　　　　zuò
四　川　火 锅：四川火鍋　／　吃：食べる　／　坐：座る

Chapter4　これまでに習った言葉を使って、ペアワークで会話を練習してみよう。

会話1

　　nǐ huì kāi chē ma
A：你 会 开 车 吗？（あなたは車を運転することができますか？）

　　wǒ huì　bú huì　kāi chē
B：我 会／不 会 开 车。（私は車を運転することができます／できません。）

会話2

　　nǐ néng hē jiǔ ma
A：你 能 喝 酒 吗？（あなたはお酒を飲むことができますか？）

　　wǒ néng　bù néng　hē jiǔ
B：我 能／不 能 喝 酒。（私はお酒を飲むことができます／できません。）

会話3

　　wǒ kě yǐ zài zhè lǐ pāi zhào ma
A：我 可 以 在 这 里 拍 照 吗？（ここで写真を撮ってもいいですか？）

　　kě yǐ　bù kě yǐ　pāi zhào
B：可 以／不 可 以 拍 照。（ここで写真を撮ってもいいです／撮ってはいけません。）

第2部

応用編

第1回　豊太郎とエリスの会話
—— 森鷗外『舞姫』で学ぶ"为什么"「なぜ・どうして」

事前学習　『舞姫』のストーリーを確認しておこう。

Chapter1　『舞姫』で学ぶ中国語会話 —— 豊太郎とエリスの出会いの場面

豊太郎：你 为 什 么 哭？
　　　　nǐ wèi shén me kū

エリス：因 为 我 的 爸 爸 死 了，可 是 我 没 有 钱。
　　　　yīn wèi wǒ de bà ba sǐ le kě shì wǒ méi yǒu qián

豊太郎：你 真 可 怜。给 你 我 的 手 表。
　　　　nǐ zhēn kě lián gěi nǐ wǒ de shǒu biǎo

エリス：你 是 一 个 好 人。
　　　　nǐ shì yí ge hǎo rén

語法文法　"为什么"「なぜ、どうして」

　疑問詞"为什么"は理由を尋ねる時に使われます。"为什么"は主語の前、またはうしろに置かれます。日本語の「なぜ、どうして」は文末以外、どこに置いても違和感を覚えませんが、中国語の"为什么"は、主語と動詞の間以外に置くことができません。また、注意していただきたいのは、疑問詞"为什么"を使った疑問文では、文末に疑問助詞"吗？"を置いてはいけないことです。

她为什么不吃饭？（彼女はなぜご飯を食べないのですか？）
你为什么回国？（あなたはなぜ帰国するのですか？）

Chapter1に登場する重要な中国語単語

为什么 wèi shén me：なぜ　／　哭 kū：泣く　／　因为～ yīn wèi：～なので・～だから　／　爸爸 bà ba：お父さん
死 sǐ：死ぬ　／　可是 kě shì：でも　／　钱 qián：お金　／　真 zhēn：本当に　／　可怜 kě lián：かわいそう
给～ gěi：～にあげる　／　手表 shǒu biǎo：腕時計　／　好人 hǎo rén：いい人　／　吃 chī：食べる
饭 fàn：ご飯　／　回国 huí guó：帰国する

Chapter2　豊太郎とエリスの会話を日本語に訳してみよう。

豊太郎：
エリス：
豊太郎：
エリス：

Chapter3　次の日本語を中国語に訳してみよう（かならずピンインも記すこと）。

（1）あなたはなぜ日本に行くのですか？
ピンイン
中国語

（2）昨日、彼女はなぜ学校に来なかったのですか？
ピンイン
中国語

（3）あなたはなぜ中国語を勉強しますか？
ピンイン
中国語

Chapter3 に登場する重要な中国語単語

qù　　　　　　　Rì běn　　　　zuó tiān　　　　　méi　　　　　　lái
去：行く　／　日本：日本　／　昨天：昨日　／　没：〜しなかった　／　来：来る
xué xiào　　　　Zhōng wén　　　　xué
学校：学校　／　中文：中国語　／　学：学ぶ

Chapter4　これまでに習った言葉を使って、ペアワークで会話を練習してみよう。

会話1

　　nǐ wèi shén me xué Zhōng wén
A：你 为 什 么 学 中 文？（あなたはなぜ中国語を学ぶのですか？）

　　yīn wèi wǒ xǐ huan kàn Zhōng wén de diàn shì jù
B：因 为 我 喜 欢 看 中 文 的 电 视 剧。
　（私は中国語のドラマが好きだからです。）

会話2

　　tā wèi shén me méi lái xué xiào
A：她 为 什 么 没 来 学 校？（彼女はなぜ学校に来なかったのですか？）
　　yīn wèi tā shēng bìng le
B：因 为 她 生 病 了。（彼女は病気になったからです。）

Chapter4 に登場する重要な中国語単語

xǐ huan　　　　　kàn　　　　　　diàn shì jù
喜欢：好き　／　看：見る・読む　／　电视剧：ドラマ
shēng bìng
生病（動詞）：病気になる

第2回　庄兵衛と喜助の会話
── 森鷗外『高瀬舟』で学ぶ"什么"「何、どんな〜、何の〜」

事前学習　『高瀬舟』のストーリーを確認しておこう。

_____
_____
_____

Chapter1　『高瀬舟』で学ぶ中国語会話 ── 船上での庄兵衛と喜助の会話

庄兵衛：你 犯 了 什 么 罪？
　　　　nǐ fàn le shén me zuì

喜　助：我 家 很 穷。弟 弟 生 病 的 时 候 很 痛 苦。
　　　　wǒ jiā hěn qióng dì di shēng bìng de shí hou hěn tòng kǔ

　　　　他 想 自 杀，但 是 失 败 了。我 杀 了 弟 弟。
　　　　tā xiǎng zì shā dàn shì shī bài le wǒ shā le dì di

庄兵衛：我 觉 得 你 不 是 罪 犯。
　　　　wǒ jué de nǐ bú shì zuì fàn

語法文法　"什么"「何、どんな〜、何の〜」
　疑問詞"什么"は日本語の「何？」に対応します。SVC構文のCのところを"什么"と入れ替えて用いることができます。また、疑問詞を名詞の前に置くことで「どんな〜」という人・物の性質や種類を尋ねることもできます。

那是什么？（あれは何ですか？）
你喜欢什么颜色？（あなたは何色が好きですか？）

Chapter1に登場する重要な中国語単語

犯：犯す　／　什么：何　／　罪：罪　／　家：家　／　穷：貧乏　／　弟弟：弟
fàn　　　　　shén me　　　zuì　　　　jiā　　　　qióng　　　　dì di

生病（動詞）：病気になる　／　〜的时候：〜の時　／　痛苦：苦しむ・苦しい
shēng bìng　　　　　　　　　　de shí hou　　　　　　　　tòng kǔ

想：〜したい　／　自杀：自殺する　／　但是：しかし　／　失败：失敗する
xiǎng　　　　　　　zì shā　　　　　　　　dàn shì　　　　　　shī bài

杀：殺す　／　觉得〜：〜と思う　／　罪犯：犯罪者
shā　　　　　jué de　　　　　　　　zuì fàn

Chapter2　庄兵衛と喜助の会話を日本語に訳してみよう。

庄兵衛：_____

喜　助：_____
　　　　_____

庄兵衛：_____

Chapter3　次の日本語を中国語に訳してみよう（かならずピンインも記すこと）。

（1）これは何ですか？
ピンイン
中国語

（2）あなたは何色が好きですか？
ピンイン
中国語

（3）あなたは何という名前ですか？
ピンイン
中国語

Chapter3 に登場する重要な中国語単語

zhè　　　　nà　　　　　　　　xǐ huan　　　　yán sè
这：これ（那：それ・あれ）　／　喜 欢：好き　／　颜 色：色

jiào　　　　　　　　　　　　míng zi
叫：（名前は）〜という　／　名 字：名前

Chapter4　これまでに習った言葉を使って、ペアワークで会話を練習してみよう。

会話 1

　　nǐ xǐ huan shén me yán sè
A：你 喜 欢 什 么 颜 色？（あなたは何色が好きですか？）

　　wǒ xǐ huan　　　　sè
B：我 喜 欢 _____ 色。（私は_____が好きです。）

hóng sè	chéng sè	huáng sè	lǜ sè	lán sè	zǐ sè	bái sè	hēi sè	fěn sè
红色	橙色	黄色	绿色	蓝色	紫色	白色	黑色	粉色
（赤）	（オレンジ）	（イエロー）	（緑）	（青）	（紫）	（白）	（黒）	（ピンク）

会話 2

　　zhè shì shén me
A：这 是 什 么？（これは何ですか？）

　　zhè shì wǒ de kè běn　shǒu biǎo
B：这 是 我 的 课 本／手 表。（これは私の教科書／腕時計です。）

Chapter4 に登場する重要な中国語単語
kè běn
课 本：教科書

第3回　坊ちゃんと清の会話
── 夏目漱石『坊ちゃん』で学ぶ "什么时候"「いつ」

事前学習　『坊ちゃん』のストーリーを確認しておこう。

_____
_____
_____

Chapter1　『坊ちゃん』で学ぶ中国語会話 ── 坊ちゃんとかつての奉公人、清との会話

清　　　：你什么时候回家？
　　　　　nǐ shén me shí hou huí jiā

坊ちゃん：我明年夏天回家。我打算买特产。
　　　　　wǒ míng nián xià tiān huí jiā wǒ dǎ suan mǎi tè chǎn
　　　　　你想要什么？
　　　　　nǐ xiǎng yào shén me

清　　　：我想要糖。
　　　　　wǒ xiǎng yào táng

坊ちゃん：松山没有糖果店。
　　　　　Sōng shān méi yǒu táng guǒ diàn

語法文法　"什么时候"「いつ」

　時間・時刻を尋ねる時には、「いつ」に対応する疑問詞 "什么时候" が使われます。"什么时候" は動詞の直前に置かれます。文末の疑問助詞 "吗？" は置いてはいけません。

你什么时候留学？（あなたはいつ留学しますか？）
他什么时候下课？（彼はいつ授業が終わりますか？）

Chapter1に登場する重要な中国語単語

回：帰る　/　家：家　/　明年：来年　/　夏天：夏　/　打算：〜つもりだ
huí　　　　jiā　　　　míng nián　　　　xià tiān　　　　dǎ suan

买：買う　/　特产：おみやげ　/　想要〜：〜がほしい　/　什么：何
mǎi　　　　tè chǎn　　　　xiǎng yào　　　　shén me

糖：飴　/　松山：松山　/　糖果店：飴屋　/　留学：留学する
táng　　　　Sōng shān　　　　táng guǒ diàn　　　　liú xué

下课：授業が終わる
xià kè

Chapter2　坊ちゃんと清の会話を日本語に訳してみよう。

清　　　：_____
坊ちゃん：_____
清　　　：_____
坊ちゃん：_____

Chapter3　次の日本語を中国語に訳してみよう（かならずピンインも記すこと）。

（1）あなたはいつ暇ですか？
ピンイン
中国語

（2）映画はいつ始まりますか？
ピンイン
中国語

（3）あなたは何がほしいですか？
ピンイン
中国語

Chapter3 に登場する重要な中国語単語

yǒu kòng　　　　　diàn yǐng　　　　kāi shǐ
有　空：暇　／　电　影：映画　／　开　始：始まる

Chapter4　これまでに習った言葉を使って、ペアワークで会話を練習してみよう。

会話1

　　　nǐ shén me shí hou huí jiā
A：你 什 么 时 候 回 家？（あなたはいつ家に帰りますか？）

　　　wǒ xià wǔ sān diǎn yí kè　míng tiān shí diǎn bàn huí jiā
B：我 下午三点一刻／明天十点半 回 家。

　（私は午後3時15分／明日の10時半に家に帰ります。）

会話2

　　　nǐ shén me shí hou yǒu kòng
A：你 什 么 时 候 有 空？（あなたはいつ暇ですか？）

　　　wǒ hòu tiān zǎo shang　xià xīng qī wǔ yǒu kòng
B：我 后天早上／下星期五 有 空。

　（私は明後日の朝／来週の金曜日が暇です。）

Chapter4 に登場する重要な中国語単語

xià wǔ　　　　　yí kè　　　　　míng tiān　　　　bàn
下　午：午後　／　一　刻：15分　／　明　天：明日　／　半：30分
hòu tiān　　　　　　zǎo shang　　　　　xià xīng qī wǔ
后　天：あさって　／　早　上：朝　／　下　星　期　五：来週の金曜日

第4回　先生とKの会話
── 夏目漱石『こころ』で学ぶ "哪里"「どこ、どちら」

事前学習　『こころ』のストーリーを確認しておこう。

Chapter1　『こころ』で学ぶ中国語会話 ── 先生がKとお嬢さんの関係を疑いはじめた場面

先生：
nǐ hé xiǎo jiě yì qǐ qù le nǎ li
你 和 小 姐 一 起 去 了 哪 里？

wǒ kàn dào le nǐ hé xiǎo jiě
我 看 到 了 你 和 小 姐。

K：
wǒ sàn bù de shí hou yù dào le xiǎo jiě
我 散 步 的 时 候 遇 到 了 小 姐。

wǒ men yì qǐ huí lái le
我 们 一 起 回 来 了。

語法文法　"哪里"「どこ、どちら」

　中国語では、疑問詞"哪里"を用いて場所を尋ねます。日本語の「どこ」「どちら」に対応します。「主語＋"在哪里"」で「どこにありますか？」という意味を表します。また、動詞の目的語と入れ替える形で"哪里"を置くこともできます。ただし、文末に"吗？"を置いてはいけません。また、"什么地方"も"哪里"と同じように使われます。

你的手机在哪里？（あなたのスマートフォンはどこにありますか？）
你去了哪里／什么地方？（あなたはどこに行きましたか？）

Chapter1に登場する重要な中国語単語

和 hé：〜と　／　小姐 xiǎo jiě：お嬢さん　／　一起 yì qǐ：いっしょに　／　去 qù：行く
看到 kàn dào：見る・目撃する　／　散步 sàn bù：散歩する　／　〜的时候 de shí hou：〜時
遇到 yù dào〜：〜に出会う　／　我们 wǒ men：私たち　／　回来 huí lái：帰ってくる
手机 shǒu jī：スマートフォン

Chapter2　先生とKの会話を日本語に訳してみよう。

先生：＿＿＿＿＿＿＿＿＿＿＿＿＿＿＿＿＿＿＿＿＿＿＿＿
　　　＿＿＿＿＿＿＿＿＿＿＿＿＿＿＿＿＿＿＿＿＿＿＿＿

　　K：＿＿＿＿＿＿＿＿＿＿＿＿＿＿＿＿＿＿＿＿＿＿＿＿
　　　＿＿＿＿＿＿＿＿＿＿＿＿＿＿＿＿＿＿＿＿＿＿＿＿

Chapter3　次の日本語を中国語に訳してみよう（かならずピンインも記すこと）。

（1）お手洗いはどこにありますか？
ピンイン
中国語

（2）銀行はどこにありますか？
ピンイン
中国語

（3）彼はどこに行きましたか？
ピンイン
中国語

> **Chapter3 に登場する重要な中国語単語**
> xǐ shǒu jiān　　　　　　yín háng　　　　　tā　　　　qù
> 洗　手　間：お手洗い　／　銀　行：銀行　／　他：彼　／　去：行く

Chapter4　これまでに習った言葉を使って、ペアワークで会話を練習してみよう。

会話1

　　　nǐ zài nǎ li shàng xué
A：你 在 哪 里 上 学？（あなたはどこの学校に通っていますか？）

　　　wǒ zài Jīng dū shàng xué
B：我 在 京 都 上 学。（私は京都の学校に通っています。）

会話2

　　　nǐ zhù nǎ li
A：你 住 哪 里？（あなたはどこに住んでいますか？）

　　　wǒ zhù
B：我 住 _____。（私は_____に住んでいます。）

会話3

　　　nǐ de lǎo jiā zài nǎ li
A：你 的 老 家 在 哪 里？（あなたの故郷はどこですか？）

　　　wǒ de lǎo jiā zài　　　　　nǐ lǎo jiā ne
B：我 的 老 家 在 _____。你 老 家 呢？
　（私の故郷は_____です。あなたの故郷は？）

> **Chapter4 に登場する重要な中国語単語**
> shàng xué　　　　　　zhù　　　　　lǎo jiā
> 上　学：学校に通う　／　住：住む　／　老　家：故郷

第5回　下人と老婆の会話
—— 芥川龍之介『羅生門』で学ぶ "谁"「だれ」

事前学習　『羅生門』のストーリーを確認しておこう。

Chapter1　『羅生門』で学ぶ中国語会話 —— 羅生門で死体の髪の毛を抜く老婆と下人の会話

下人：你是谁？你在做什么？
　　　nǐ shì shéi nǐ zài zuò shén me

老婆：我打算卖她的头发。这是没办法的事。
　　　wǒ dǎ suan mài tā de tóu fà zhè shì méi bàn fǎ de shì

下人：我想要你的衣服。这是没办法的事。
　　　wǒ xiǎng yào nǐ de yī fu zhè shì méi bàn fǎ de shì

語法文法　"谁"「だれ」

どの人か尋ねる場合に、「誰」に当たる疑問詞 "谁" を用います。語順は、尋ねようとしている人物が置かれる場所に "谁" を置きます。疑問詞を使う疑問文では、文末に助詞 "吗?" を置いてはいけません。

A：他是谁？（彼は誰ですか？）
B：他是山田。是我的朋友。（彼は山田です。私の友人です。）

A：谁会说中文？（誰が中国語を話せますか？）
B：山田会说中文。（山田は中国語を話せます。）

A：这是谁的猫？（これは誰の猫ですか？）
B：这是我的猫。（これは私の猫です。）

Chapter1 に登場する重要な中国語単語

做(zuò)：(料理を)作る・する　／　打算(dǎ suan)：〜つもりだ　／　卖(mài)：売る　／　她(tā)：彼女
头发(tóu fà)：髪の毛　／　这(zhè)：これ　／　没办法(méi bàn fǎ)：仕方がない　／　事(shì)：出来事
想要〜(xiǎng yào)：〜がほしい　／　衣服(yī fu)：服　／　山田(Shān tián)(名字)：山田　／　朋友(péng you)：友人
说(shuō)：話す　／　中文(Zhōng wén)：中国語　／　猫(māo)：猫

Chapter2　下人と老婆の会話を日本語に訳してみよう。

下人：

老婆：

下人：_____

Chapter3　次の日本語を中国語に訳してみよう（かならずピンインも記すこと）。

（1）あなたの先生は誰ですか？
ピンイン
中国語

（2）誰があなたの友達ですか？
ピンイン
中国語

（3）これは誰のメガネですか？
ピンイン
中国語

Chapter3 に登場する重要な中国語単語
lǎo shī　　　　　　yǎn jìng
老　师：先生　／　眼　镜：メガネ

Chapter4　これまでに習った言葉を使って、ペアワークで会話を練習してみよう。

会話1
　　　 qǐng wèn　zhè shì shéi de zuò wèi
A：请　问，这 是　谁　的　座　位？（お尋ねします。これは誰の席ですか？）
　　　 zhè shì wǒ de zuò wèi
B：这 是 我 的 座　位。（これは私の席です。）

会話2
　　　 shéi shì nǐ de Zhōng wén lǎo shī
A：谁　是　你　的 中　文　老　师？（どなたが中国語の先生ですか？）
　　　　　　 lǎo shī shì wǒ de Zhōng wén lǎo shī
B：_____ 老师 是 我 的 中　文　老　师。(_____先生が中国語の先生です。)

Chapter4 に登場する重要な中国語単語
qǐng wèn　　　　　　zuò wèi
请　问：お尋ねします　／　座　位：座席・席

第6回　良秀と大殿の会話
—— 芥川龍之介『地獄変』で学ぶ "怎么"「どう、どのように」

事前学習　『地獄変』のストーリーを確認しておこう。

Chapter1　『地獄変』で学ぶ中国語会話 ——　地獄変の絵を描くために、上﨟を牛車に押し込めて焼き殺してほしいと、良秀が大殿に願い出る場面

良秀：我 想 画 牛 车 和 女 人。
　　　wǒ xiǎng huà niú chē hé nǚ rén

大殿：你 怎 么 画？
　　　nǐ zěn me huà

良秀：我 只 能 画 看 到 的 东 西。请 点 燃 牛 车 和 女 人。
　　　wǒ zhǐ néng huà kàn dào de dōng xi qǐng diǎn rán niú chē hé nǚ rén

大殿：你 是 天 才。真 了 不 起。
　　　nǐ shì tiān cái zhēn liǎo bu qǐ

語法文法　"怎么"「どう、どのように」

　疑問詞"怎么"は動作、行為の方法を尋ねる時に使われます。日本語の「どう、どのように」に対応します。"怎么"は主語のうしろ、動詞の直前に置かれます。

你怎么去学校？（あなたはどのように学校に行きますか？）
你怎么找工作？（あなたはどのように仕事を探しますか？）
你怎么买衣服？（あなたはどのように服を買いますか？）

Chapter1に登場する重要な中国語単語

想：〜したい　／　画(動詞)：描く　／　牛车：牛車　／　和：〜と　／　女人：女性
xiǎng　　　　　huà　　　　　　　　niú chē　　　　　hé　　　　nǚ rén

只：〜するしかない　／　看到：見る・目撃する　／　东西：もの
zhǐ　　　　　　　　　kàn dào　　　　　　　　　dōng xi

请：〜してください　／　点燃：〜に火をつける　／　天才：天才
qǐng　　　　　　　　　diǎn rán　　　　　　　　tiān cái

真：本当に　／　了不起：素晴らしい　／　去：行く　／　学校：学校
zhēn　　　　　liǎo bu qǐ　　　　　　　　qù　　　　　xué xiào

找：探す　／　工作：仕事　／　买：買う　／　衣服：服
zhǎo　　　　　gōng zuò　　　　　mǎi　　　　　yī fu

Chapter2　良秀と大殿の会話を日本語に訳してみよう。

良秀：
大殿：
良秀：

大殿：

Chapter3　次の日本語を中国語に訳してみよう（かならずピンインも記すこと）。

（1）彼はどうやって仕事を探しますか？
ピンイン
中国語

（2）あなたはどうやって宿題をしますか？
ピンイン
中国語

（3）あなたはどうやって家に帰りますか？
ピンイン
中国語

Chapter3 に登場する重要な中国語単語

zuò　　　　　　　　　　zuò yè　　　　　huí　　　　　jiā
做：(料理を)作る・する　／　作 业：宿題　／　回：帰る　／　家：家

Chapter4　これまでに習った言葉を使って、ペアワークで会話を練習してみよう。

会話1

　　　nǐ zěn me mǎi yī fu
A：你 怎 么 买 衣 服 ？（あなたはどうやって服を買いますか？）

　　　wǒ zài wǎng shang　shāng chǎng mǎi
B：我 在 网　上 ／ 商　场　买。（私はネット上／ショッピングモールで買います。）

会話2

　　　nǐ zěn me qù xué xiào
A：你 怎 么 去 学 校 ？（あなたはどうやって学校に行きますか？）

　　　wǒ zuò diàn chē bā shì dì tiě qù xué xiào
B：我 坐 电 车 ／ 巴 士 ／ 地 铁 去 学 校 。

　（私は電車／バス／地下鉄に乗って学校に行きます。）

Chapter4 に登場する重要な中国語単語

zài wǎng shang　　　　　　　shāng chǎng
在 网　上 ：ネット上で　／　商　场：ショッピングモール・デパート

zuò　　　　　　　diàn chē　　　　bā shì　　　　　dì tiě
坐：乗る・座る　／　电 车：電車　／　巴 士：バス　／　地 铁：地下鉄

65

第7回　よだかと鷹の会話
—— 宮沢賢治『よだかの星』で学ぶ　様態補語

事前学習　『よだかの星』のストーリーを確認しておこう。

Chapter1　『よだかの星』で学ぶ中国語会話 —— 鷹がよだかに名前を変えるよう要求する場面

鷹　　：你 飞 得 很 慢。你 快 换 一 个 名 字。
　　　　nǐ fēi de hěn màn nǐ kuài huàn yí ge míng zi

よだか：不，我 不 想 换 名 字。
　　　　bù wǒ bù xiǎng huàn míng zi

鷹　　：我 很 生 气。
　　　　wǒ hěn shēng qì

よだか：为 什 么 大 家 讨 厌 我？
　　　　wèi shén me dà jiā tǎo yàn wǒ

語法文法　助詞"得"と様態補語

　中国語では、動詞のうしろで、動作の様子や状態を説明する言葉を様態補語といいます。「主語＋動詞＋"得"＋形容詞（様態補語）」の形を用いて動作がどのような状態で行われるか説明します。

她跑得很快。（彼女は走るのが速いです。）＊走るという動作の状態が速いことを詳しく説明する。
他画画画得真好看。（彼が描く絵は本当に綺麗です。）
你做饭做得很好吃。（あなたはご飯を美味しく作ります。）

Chapter1に登場する重要な中国語単語

飞：飛ぶ　／　慢：遅い　／　快：早く（命令口調）・早い（形容詞）　／　换：変える
fēi　　　　　　màn　　　　　　kuài　　　　　　　　　　　　　　　　　　　huàn

一个：一個　／　名字：名前　／　不：いや　／　生气：怒る　／　大家：みんな
yí ge　　　　　míng zi　　　　bù　　　　　shēng qì　　　　dà jiā

讨厌：嫌う　／　跑：走る　／　画（動詞）：描く　／　画（名詞）：絵　／　真：本当に
tǎo yàn　　　　pǎo　　　　　huà　　　　　　　　　huà　　　　　　　　　zhēn

好看：綺麗　／　做：(料理を)作る・する　／　饭：ご飯　／　好吃：美味しい
hǎo kàn　　　　zuò　　　　　　　　　　　　　fàn　　　　　hǎo chī

Chapter2　よだかと鷹の会話を日本語に訳してみよう。

鷹　　：
よだか：
鷹　　：
よだか：

Chapter3　次の日本語を中国語に訳してみよう（かならずピンインも記すこと）。

（1）兎は走るのが速いです。
ピンイン
中国語

（2）彼女は、本当に綺麗に字を書きます。
ピンイン
中国語

（3）彼は、中国語を話すのが上手いです。
ピンイン
中国語

Chapter3 に登場する重要な中国語単語

　　tù zi　　　　　xiě　　　　　　zì　　　　　shuō　　　　　Zhōng wén
兎子：兎　／　写：書く　／　字：字　／　说：話す　／　中　文：中国語
hǎo
好：良い・上手い

Chapter4　これまでに習った言葉を使って、ペアワークで会話を練習してみよう。

会話1
　　nǐ Zhōng wén shuō de hěn hǎo　liú lì　bú cuò
A：你 中 文 说 得 很 好／流 利／不 错。
　　（あなたは、中国語を話すのが上手い／流暢／なかなかよいです。）
　　xiè xie　nǐ yě shì
B：谢 谢。你 也 是。（ありがとう。あなたも。）

会話2
　　wǒ zuì jìn shuì de hěn wǎn
A：我 最 近 睡 得 很 晚。（私は最近寝るのが遅いです。）
　　jīn tiān zǎo diǎn xiū xi ba
B：今 天 早 点 休 息 吧。（今日は早く休憩しましょう。）

Chapter4 に登場する重要な中国語単語

　　liú lì　　　　　bú cuò　　　　　zuì jìn　　　　　shuì
流利：流暢　／　不 错：なかなかよい　／　最 近：最近　／　睡：寝る
wǎn　　　　　zǎo diǎn　　　　　xiū xi
晚：遅い　／　早 点：早く　／　休 息：休憩

第8回　カンパネルラとジョバンニの会話
── 宮沢賢治『銀河鉄道の夜』で学ぶ　反語表現

事前学習　『銀河鉄道の夜』のストーリーを確認しておこう。

Chapter1　『銀河鉄道の夜』で学ぶ中国語会話 ── ザネリのために命を落としたカンパネルラが母親を気遣う場面

ジョバンニ：
nǐ de mā ma fēi cháng wēn róu　nán dào tā shēng qì le ma
你的妈妈非常温柔。难道她生气了吗？

カンパネルラ：
wǒ zuò le hǎo shì　shén kuā jiǎng le wǒ
我做了好事，神夸奖了我。
suǒ yǐ mā ma hěn xìng fú　tā méi shēng qì
所以妈妈很幸福。她没生气。

語法文法　反語表現

①"不是～吗？"（～ではないのですか？そうですよね。）
　中国語では、疑問文の形でその反対の意味を強く伝える言い方があります。これを、反語表現と呼びます。"不是～吗？"は、「～ではないのですか？（そうですよね。）」という意味の反問表現です。

你不是警察吗？（あなた、警察官ではないのですか？そうですよね。）
他不是回家了吗？（彼、家に帰ったのではないですか？）

②"难道～吗？"（まさか～ではないでしょうね？）
　文頭に"难道"（まさか）をつけると、反問を強調することができます。

难道你不是中国人吗？（まさかあなたは中国人ではないですか？）
难道她认识我吗？（まさか彼女は私を知っているのですか？）

Chapter1に登場する重要な中国語単語

mā ma　　　　　　　　fēi cháng　　　　　　wēn róu　　　　　　　shēng qì
妈妈：お母さん　／　非　常：とても　／　温柔：やさしい　／　生　気：怒る

zuò　　　　　　　　　hǎo shì　　　　　　shén　　　kuā jiǎng
做：(料理を) 作る・する　／　好事：好いこと　／　神：神様　／　夸奖：褒める

suǒ yǐ　　　　　　　xìng fú　　　　　　jǐng chá　　　　　　huí　　　　jiā
所以～：～だから　／　幸福：幸せ　／　警察：警察官　／　回：帰る　／　家：家

Zhōng guó rén　　　　rèn shi
中　国　人：中国人　／　认识：知る

Chapter2　カンパネルラとジョバンニの会話を日本語に訳してみよう。

ジョバンニ：_____

カンパネルラ：＿＿＿＿＿＿＿＿＿＿＿＿＿＿＿＿＿＿＿＿＿＿＿＿＿＿＿＿＿＿

Chapter3　次の日本語を中国語に訳してみよう（かならずピンインも記すこと）。

（1）あなたは弁護士ではないのですか？
ピンイン
中国語

（2）彼は中国人ではないのですか？
ピンイン
中国語

（3）まさか、彼は試合に参加しなかったのですか？
ピンイン
中国語

Chapter3 に登場する重要な中国語単語

lǜ shī　　　　　　　cān jiā　　　　　　　bǐ sài
律　師：弁護士　／　参　加：参加する　／　比　賽：試合

Chapter4　これまでに習った言葉を使って、ペアワークで会話を練習してみよう。

会話1
　　　　nǐ bú shì Jīng dū rén ma
A：你 不 是 京 都 人 吗？（あなたは京都出身の人ではないのですか？）
　　　　bú shì wǒ shì Dà bǎn rén
B：不 是, 我 是 大 阪 人。（いいえ、私は大阪出身の人です。）

会話2
　　　　nán dào tā rèn shi wǒ ma
A：难 道 她 认 识 我 吗？（まさか彼女は私を知っているの？）
　　　　tā rèn shi nǐ
B：她 认 识 你。（彼女はあなたのことを知っているよ。）

Chapter4 に登場する重要な中国語単語

Jīng dū rén　　　　　　　Dà bǎn rén
　京　都　人：京都出身の人　／　大　阪　人：大阪出身の人

第9回 「私」と踊子の会話
—— 川端康成『伊豆の踊子』で学ぶ　敬語表現

事前学習　『伊豆の踊子』のストーリーを確認しておこう。

Chapter1　『伊豆の踊子』で学ぶ中国語会話 —— 旅も終りに近づき、「踊子」が「私」に淡い恋心を抱きはじめる場面

私：　　nà shì Dà dǎo
　　　那 是 大 岛。

踊子：　xià tiān qǐng lái Dà dǎo wán
　　　夏 天 请 来 大 岛 玩。

私：　　hǎo a　qǐng gěi wǒ yì bēi shuǐ
　　　好 啊。请 给 我 一 杯 水。

踊子：　qǐng hē shuǐ
　　　请 喝 水。

踊子：（姉さんに向かって）　hǎo rén　hǎo rén　zhēn hǎo
　　　　　　　　　　　　　好 人。好 人 真 好。

語法文法　敬語表現 "请" ＋人＋動詞「～ください」

　中国語では依頼する時によく「～ください」に当たる "请～" という表現を使います。英語の「please」に対応します。日本語の場合は敬語は文末につけますが、中国語の場合は、敬語 "请～" は文頭に置かれることになります。

请关灯。（電気を消してください。）
请喝茶。（お茶をお召し上がりください。）
请来北京玩。（北京に遊びに来てください。）

Chapter1 に登場する重要な中国語単語

nà　　　　　　　Dà dǎo　　　　　　　　　xià tiān　　　　　qǐng
那：あれ　／　大 岛（地名）：大島　／　夏 天：夏　／　请：～してください

lái　　　　　　wán　　　　　　gěi　　　　　　　　　　yì bēi　　　　　shuǐ
来：来る　／　玩：遊ぶ　／　给～：～にあげる　／　一 杯：一杯　／　水：水

hē　　　　　　hǎo rén　　　　　　zhēn　　　　　　　guān
喝：飲む　／　好 人：いい人　／　真：本当に　／　关：閉める・閉じる・（電気を）消す

dēng　　　　　　chá　　　　　　Běi jīng
灯：電気　／　茶：お茶　／　北 京：北京

Chapter2　私と踊り子の会話を日本語に訳してみよう。

私：＿＿＿＿＿＿＿＿＿＿＿＿＿＿＿＿＿＿＿＿＿＿＿＿＿＿
踊子：＿＿＿＿＿＿＿＿＿＿＿＿＿＿＿＿＿＿＿＿＿＿＿＿

私　：_____
踊子：_____
踊子：_____

Chapter3　次の日本語を中国語に訳してみよう（かならずピンインも記すこと）。

（1）電気をつけてください。
ピンイン
中国語＿＿＿＿＿＿＿＿＿＿＿＿＿＿＿＿＿＿＿＿＿＿＿＿

（2）お茶をお召し上がりください。
ピンイン
中国語＿＿＿＿＿＿＿＿＿＿＿＿＿＿＿＿＿＿＿＿＿＿＿＿

（3）春に京都に遊びに来てください。
ピンイン
中国語＿＿＿＿＿＿＿＿＿＿＿＿＿＿＿＿＿＿＿＿＿＿＿＿

Chapter3に登場する重要な中国語単語

kāi
开：開く・開ける・（電気を）つける　／　

chūn tiān
春　天：春　／　

Jīng dū
京　都：京都

Chapter4　これまでに習った言葉を使って、ペアワークで会話を練習してみよう。

会話1
　　　qǐng gěi wǒ kuài zi sháo zi zhǐ jīn
A：请　给　我　筷子／勺子／纸巾。（お箸／スプーン／ティッシュをください。）
　　hǎo de wǒ gěi nín ná
B：好 的。我 给 您 拿。（はい。あなたにお持ちします。）

会話2
　　nǐ qù Jīng dū zuò shén me
A：你 去 京 都 做 什 么？（あなたは京都に何をしに行きますか？）
　　wǒ qù Jīng dū shàng dà xué lǚ yóu
B：我 去 京 都 上 大 学／旅 游。（私は京都に行って大学に通います／旅行します。）

Chapter4に登場する重要な中国語単語

kuài zi　　　　　　sháo zi　　　　　　zhǐ jīn　　　　　　ná
筷 子：お箸　／　勺 子：スプーン　／　纸 巾：ティッシュ　／　拿：持つ
shàng dà xué　　　　　　　lǚ yóu
上　大　学：大学に通う　／　旅 游：旅行する

第10回　メロスと王、ディオニスの会話
── 太宰治『走れメロス』で学ぶ　時間量を伝える

事前学習　『走れメロス』のストーリーを確認しておこう。

Chapter1　『走れメロス』で学ぶ中国語会話 ── メロスが王、ディオニスを殺そうとして囚われた場面

メ　ロ　ス：wèi shén me nǐ shā le nà me duō de rén
　　　　　　为 什 么 你 杀 了 那 么 多 的 人？

ディオニス王：nǐ bù lǐ jiě wǒ de gū dú　wǒ bù xiāng xìn bié rén
　　　　　　你 不 理 解 我 的 孤 独。我 不 相 信 别 人。

メ　ロ　ス：děng wǒ sān tiān　wǒ xiǎng cān jiā mèi mei de jié hūn diǎn lǐ
　　　　　　等 我 三 天。我 想 参 加 妹 妹 的 结 婚 典 礼。

語法文法　時間量を伝える

時間量とは、時間の長さを指します。

~分钟	~分間	~个小时	~時間	~天	~日間
~个月	~か月	~年	~年間		

時間量を伝える語順は2パターンに分けられます。
①「主語＋動詞＋時間量＋目的語」時間量を表す言葉を動詞のうしろ、目的語の前に置きます。

我走了两个小时。（私は2時間歩きました。）
他学了六个月日语。（彼は日本語を6か月学びました。）

②「主語＋動詞＋人＋時間量」目的語が「人」である場合、時間量を表す言葉は文末に置かれます。

我等你三个小时。（私はあなたを3時間待ちます。）

Chapter1に登場する重要な中国語単語
　shā　　　　　　nà me　　　　　　　　　duō　　　　　rén　　　　　lǐ jiě
杀：殺す　／　那 么：あんなに・そんなに　／　多：多い　／　人：人　／　理 解：理解する
　gū dú　　　　　xiāng xìn　　　　　bié rén　　　　　děng
孤 独：孤独　／　相 信：信じる　／　别 人：他人　／　等：待つ
　cān jiā　　　　　mèi mei　　　　　jié hūn diǎn lǐ　　　　　zǒu
参 加：参加する　／　妹 妹：妹　／　结 婚 典 礼：結婚式　／　走：歩く
　xué　　　　　Rì yǔ
学：学ぶ　／　日 语：日本語

Chapter2　メロスとディオニス王の会話を日本語に訳してみよう。
メ　ロ　ス：_____
ディオニス王：_____
メ　ロ　ス：_____

Chapter3　次の日本語を中国語に訳してみよう（かならずピンインも記すこと）。
（１）私は中国語を3時間学びます。
ピンイン
中国語_____

（２）私はあなたを10年間待ちました。
ピンイン
中国語_____

（３）彼女は本を20分読みました。
ピンイン
中国語_____

Chapter3 に登場する重要な中国語単語

Zhōng wén　　　　　　kàn　　　　　　shū
　中　文：中国語　／　看：見る・読む　／　书：本

Chapter4　これまでに習った言葉を使って、ペアワークで会話を練習してみよう。
会話1
　　　wǒ děng le nǐ liǎng ge xiǎo shí
A：我 等 了 你 两 个 小 时！（私はあなたを2時間待ちました！）
　　　nǐ shēng qì le ma　bù hǎo yì si
B：你 生 气 了 吗？不 好 意 思。（怒りましたか？すみません。）

会話2
　　　nǐ Zhōng wén shuō dé zhēn liú lì
A：你 中 文 说 得 真 流 利。（あなたは中国語を本当に流暢に話しますね。）
　　　wǒ měi tiān liàn xí sān shí fēn zhōng Zhōng wén huì huà
B：我 每 天 练 习 三 十 分 钟 中 文 会 话。
　（私は毎日、中国語会話を30分練習します。）

Chapter4 に登場する重要な中国語単語

shēng qì　　　　　bù hǎo yì si　　　　　　shuō　　　　zhēn
生 气：怒る　／　不 好 意 思：すみません　／　说：話す　／　真：本当に
liú lì　　　　　měi tiān　　　　　liàn xí　　　　　huì huà
流 利：流暢　／　每 天：毎日　／　练 习：練習する　／　会 话：会話

第11回　山賊と女の会話
── 坂口安吾『桜の森の満開の下』で学ぶ　比較表現

事前学習　『桜の森の満開の下』のストーリーを確認しておこう。

Chapter1　『桜の森の満開の下』で学ぶ中国語会話 ── 山賊が山に戻ると女に言い始める場面

山賊：比起 城市，我 更 喜欢 乡村。
　　　bǐ qǐ chéng shì wǒ gèng xǐ huan xiāng cūn

女：你 真 冷漠。城市 比 乡村 热闹。
　　nǐ zhēn lěng mò chéng shì bǐ xiāng cūn rè nao

山賊：我 讨厌 城市。
　　　wǒ tǎo yàn chéng shì

女：你 喜欢 乡村 吗？那 我 和 你 一起 去 乡村 吧。
　　nǐ xǐ huan xiāng cūn ma nà wǒ hé nǐ yì qǐ qù xiāng cūn ba

語法文法　比較表現　"比"「～より、～に比べて」

　2つの物事を比べる時に、「～より、～に比べて」に当たる"比"が使われます「A＋"比"＋B＋形容詞」の語順で「AはBより～」という意味を表します。注意すべき点は、形容詞の前に"很"をつけないことです。

我比他高。（私は彼より背が高い。）
东京比京都热闹。（東京は京都よりにぎやか。）

　また、否定形の場合は、「A＋"没有"＋B＋形容詞」の文型を用いて「AはBほど～ない」という文を作ります。

他没有我高。（彼は私ほど背が高くない。）
京都没有东京热闹。（京都は東京ほどにぎやかではない。）

Chapter1に登場する重要な中国語単語
比起：～と比べて　／　城市：都会　／　我：私・俺　／　更：さらに
bǐ qǐ　　　　　　　　chéng shì　　　　　wǒ　　　　　gèng
喜欢：好き　／　乡村：田舎　／　真：本当に　／　冷漠：冷たい
xǐ huan　　　　xiāng cūn　　　　zhēn　　　　　lěng mò
热闹：にぎやか　／　讨厌：嫌い　／　那（話し言葉）：じゃあ　／　一起：一緒
rè nao　　　　　　　tǎo yàn　　　　　　nà　　　　　　　　　　　yì qǐ
去：行く　／　东京：東京　／　京都：京都
qù　　　　　　Dōng jīng　　　　Jīng dū

Chapter2　山賊と女の会話を日本語に訳してみよう。

山賊：_____
　女：_____
山賊：_____
　女：_____

Chapter3　次の日本語を中国語に訳してみよう（かならずピンインも記すこと）。

（1）地球は月より大きい。
ピンイン
中国語_____

（2）北海道の物価は東京ほど高くない。
ピンイン
中国語_____

（3）京都は大阪より静かだ。
ピンイン
中国語_____

Chapter3 に登場する重要な中国語単語

地球（dì qiú）：地球　／　月亮（yuè liang）：月　／　大（dà）：大きい・年上　／　北海道（Běi hǎi dào）：北海道
物价（wù jià）：物価　／　高（gāo）：(高さ・物価が)高い　／　大阪（Dà bǎn）：大阪　／　安静（ān jìng）：静か

Chapter4　これまでに習った言葉を使って、ペアワークで会話を練習してみよう。

会話1
　　　wǒ jīn nián　　　suì le
A：我 今 年 _____ 岁 了。（私は今年で_____歳になりました。）

　　　wǒ bǐ nǐ dà　xiǎo　wǒ jīn nián　　　suì
B：我 比 你 大／小。我 今 年 _____ 岁。
　（私はあなたより年上／年下です。私は今年で_____歳です。）

会話2
　　　wǒ de Zhōng wén méi yǒu nǐ hǎo
A：我 的 中 文 没 有 你 好。（私の中国語はあなたのほど上手くない。）

　　　nǐ de Zhōng wén bǐ wǒ hǎo
B：你 的 中 文 比 我 好。（あなたの中国語は私より上手い。）

Chapter4 に登場する重要な中国語単語

xiǎo
　小 ：小さい・年下

第12回　武山中尉と麗子の会話
—— 三島由紀夫『憂国』で学ぶ　使役表現

事前学習　『憂国』のストーリーを確認しておこう。

Chapter1　『憂国』で学ぶ中国語会話

　武山中尉は陸軍の友人が二・二六事件の決起に自分を誘わなかったことを知る。しかも、自らが属する部隊に叛乱鎮圧の命令が下る。中尉は自分は友人と闘うことはできないと、切腹を決意する。

武山中尉：
wǒ gāng jié hūn. péng you bú ràng wǒ cān jiā zhàn dòu.
我 刚 结 婚。朋 友 不 让 我 参 加 战 斗。

míng tiān wǒ děi cān jiā zhàn zhēng, hé péng you zhàn dòu.
明 天 我 得 参 加 战 争，和 朋 友 战 斗。

wǒ bù néng zuò nà yàng de shì. wǒ jīn wǎn qiē fù zì shā.
我 不 能 做 那 样 的 事。我 今 晚 切 腹 自 杀。

麗　子：
wǒ yě yì qǐ zì shā.
我 也 一 起 自 杀。

語法文法　使役表現

①使役表現　「主語＋"让"＋使役対象＋動詞＋（目的語）」

　使役文とは、別の人に何かをさせる表現のことです。「主語Ａ＋"让"＋使役対象Ｂ＋動詞」の文型で「ＡがＢに〜をさせる」という使役表現を作ることができます。

我让女儿学习。（私は娘に勉強をさせます。）

②否定表現　「主語＋不＋"让"＋使役対象＋動詞＋（目的語）」

朋友不让我参加生日聚会。（友達は私に誕生日パーティへの参加をさせません。）

Chapter1 に登場する重要な中国語単語

刚～(gāng)：〜ばかり　／　结婚(jié hūn)：結婚する　／　朋友(péng you)：友人　／　参加(cān jiā)：参加する

战斗(zhàn dòu)：戦闘・戦闘する　／　明天(míng tiān)：明日　／　得(děi)：〜なければなりません

和(hé)：〜と（…する）・〜と〜　／　做(zuò)：（料理を）作る・する　／　那样的事(nà yàng de shì)：そんなこと

今晚(jīn wǎn)：今晩　／　切腹(qiē fù)：切腹する　／　自杀(zì shā)：自殺する　／　一起(yì qǐ)：一緒に

女儿(nǚ ér)：娘　／　学习(xué xí)：勉強する　／　生日聚会(shēng rì jù huì)：誕生日パーティ

Chapter2　武山中尉と麗子の会話を日本語に訳してみよう。
武山中尉：_____
_____
_____

麗　　子：_____

Chapter3　次の日本語を中国語に訳してみよう（かならずピンインも記すこと）。
（1）お母さんは私に部屋を掃除させます。
ピンイン
中国語

（2）先生は私に勉強をさせます。
ピンイン
中国語

（3）友達は私にプレゼントを買わせません。
ピンイン
中国語

Chapter3 に登場する重要な中国語単語
mā ma　　　　　　　　　dǎ sǎo　　　　　　　fáng jiān　　　　　　mǎi
妈 妈：お母さん　／　打 扫：掃除する　／　房　间：部屋　／　买：買う
lǐ wù
礼 物：プレゼント

Chapter4　これまでに習った言葉を使って、ペアワークで会話を練習してみよう。
会話1
　　péng you ràng wǒ men cān jiā shēng rì jù huì
A：朋　友　让　我　们　参　加　生　日　聚　会。
　（友達は私たちに誕生日パーティへの参加をさせます。）
　　wǒ dǎ suan jīn tiān qù mǎi shēng rì lǐ wù
B：我　打　算　今　天　去　买　生　日　礼　物。
　（私は今日、誕生日のプレゼントを買いにいくつもりです。）

Chapter4 に登場する重要な中国語単語
dǎ suan　　　　　　　　jīn tiān　　　　　　mǎi
打　算：〜するつもりだ　／　今　天：今日　／　买：買う

第13回　直子とワタナベの会話
── 村上春樹『ノルウェイの森』で学ぶ　語気副詞

事前学習　『ノルウェイの森』のストーリーを確認しておこう。

Chapter1　『ノルウェイの森』で学ぶ中国語会話 ── 自殺直前の直子とワタナベの会話

直　子：　qǐng tīng wǒ liǎng ge yuàn wàng
　　　　请 听 我 两 个 愿 望。

ワタナベ：wǒ tīng nǐ sān ge yuàn wàng
　　　　我 听 你 三 个 愿 望。

直　子：　liǎng ge jiù hǎo　dì yī ge　nǐ jiàn wǒ　wǒ hěn gāo xìng
　　　　两 个 就 好。第 一 个。你 见 我，我 很 高 兴。
　　　　qǐng lǐ jiě wǒ de xīn qíng
　　　　请 理 解 我 的 心 情。

ワタナベ：wǒ lǐ jiě
　　　　我 理 解。

直　子：　dì èr ge　qǐng bú yào wàng jì wǒ
　　　　第 二 个，请 不 要 忘 记 我。

ワタナベ：wǒ jué duì bú huì wàng jì nǐ
　　　　我 绝 对 不 会 忘 记 你。

語法文法　強い推量を表す語気副詞　"一定・绝对・肯定"
　中国語では、"一定・绝对・肯定"を動詞の前に置いて強い推量・判断を表します。

明天一定（绝对／肯定）下雨。（明日はきっと雨が降る。）
我一定（绝对／肯定）能及格。（私はきっと合格できる。）
他一定（绝对／肯定）不知道。（彼はきっと知りません。）

Chapter1に登場する重要な中国語単語

qǐng　　　　　　　　　　tīng　　　　　　　ge　　　　　yuàn wàng
请：〜してください　／　听：聞く　／　〜个：〜個　／　愿 望：お願い

jiù hǎo　　　　　　　dì　ge　　　　　　gāo xìng　　　　　　lǐ jiě
就 好：〜でいい　／　第〜个：第〜　／　高 兴：うれしい　／　理 解：理解する

xīn qíng　　　　　　wàng jì　　　　　　jué duì　　　　　　míng tiān
心 情：気持ち　／　忘 记：忘れる　／　绝 对：絶対に　／　明 天：明日

xià yǔ　　　　　　　jí gé　　　　　　　zhī dào
下 雨：雨が降る　／　及 格：合格する　／　知 道：知る

Chapter2　直子とワタナベの会話を日本語に訳してみよう。

直　子：＿＿＿＿＿＿＿＿＿＿＿＿＿＿＿＿＿＿＿＿＿＿

ワタナベ：_____
直　子：_____
ワタナベ：_____
直　子：_____
ワタナベ：_____

Chapter3　次の日本語を中国語に訳してみよう（かならずピンインも記すこと）。

（１）彼はきっと勝つことができます。（＊一定を使って）
ピンイン
中国語

（２）私は絶対に私たちの約束を忘れない。（＊絶対を使って）
ピンイン
中国語

（３）彼女は必ず合格できます。（＊肯定を使って）
ピンイン
中国語

Chapter3 に登場する重要な中国語単語

　yíng　　　　　　　wǒ men　　　　　　yuē dìng
　赢：勝つ　／　我 们：私たち　／　约　定：約束

Chapter4　これまでに習った言葉を使って、ペアワークで会話を練習してみよう。

会話1

　　nǐ yí dìng néng hé gé
A：你 一 定 能 合 格。（あなたはきっと合格できます。）

　　xiè xie gǔ lì wǒ jiā yóu
B：谢 谢 鼓 励。我 加 油。（励ましてくれてありがとう。がんばります。）

会話2

　　míng tiān kěn dìng xià yǔ bú yào wàng jì ná sǎn
A：明 天 肯 定 下 雨，不 要 忘 记 拿 伞。

　（明日はきっと雨が降る。傘を持つのを忘れないで。）

　　wǒ chà diǎn wàng jì xìng kuī nǐ tí xǐng wǒ le
B：我 差 点 忘 记。幸 亏 你 提 醒 我 了。

　（忘れそうになった。幸いなことに私に声をかけてくれました。）

Chapter4 に登場する重要な中国語単語

　gǔ lì　　　　　　 jiā yóu　　　　　　ná　　　　sǎn
　鼓 励：励ます　／　加 油：頑張る　／　拿：持つ　／　伞：傘
　chà diǎn　　　　　　　 xìng kuī
　差 点：もう少しで・あやうく　／　幸 亏：幸いなことに
　tí xǐng
　提 醒：注意する・声をかける

第14回　みかげと雄一の会話
—— 吉本ばなな『キッチン』で学ぶ　義務の助動詞

事前学習　『キッチン』のストーリーを確認しておこう。

Chapter1　『キッチン』で学ぶ中国語会話
母えり子の死に直面し、塞ぎ込む雄一を元気づけるため、みかげがカツ丼を持ってくる場面。

みかげ：这个炸猪排很好吃。
　　　　zhè ge zhá zhū pái hěn hǎo chī

雄　一：和你一起吃饭很开心，感觉食物更好吃了。
　　　　hé nǐ yì qǐ chī fàn hěn kāi xīn, gǎn jué shí wù gèng hǎo chī le

みかげ：我们应该一起生活。你不要离开我。
　　　　wǒ men yīng gāi yì qǐ shēng huó nǐ bú yào lí kāi wǒ

語法文法　義務の助動詞"应该""得"
中国語では、義務の意味を表す助動詞"应该""得"があります。助動詞"应该""得"は動詞の前に置きます。"应该"は「～すべきだ」、"得"は「～しなければならない」という意味で使われます。

小孩应该上学。（子供は学校に行くべきです。）
我明天得上班。（私は明日、会社に行かないといけない。）
她得休息了。（彼女は休憩しないといけない。）

Chapter1 に登場する重要な中国語単語

这个：これ　/　炸猪排：カツ丼　/　好吃：おいしい　/　一起：いっしょに
开心：うれしい・楽しい　/　感觉～：～と感じる　/　食物：食べ物
更：もっと　/　生活：生活する・暮らす　/　离开：離れる　/　小孩：子供
上学：学校に行く・学校に通う　/　明天：明日
上班：会社に行く・会社に通う　/　休息：休憩する

Chapter2　みかげと雄一の会話を日本語に訳してみよう。
みかげ：
雄　一：

みかげ：

Chapter3　次の日本語を中国語に訳してみよう（かならずピンインも記すこと）。

（1）私は家に戻らないといけません。（＊得を使って）
ピンイン
中国語

（2）スポーツマンは試合ルールを守るべきです。（＊应该を使って）
ピンイン
中国語

（3）学生は勉強するべきです。（＊应该を使って）
ピンイン
中国語

Chapter3 に登場する重要な中国語単語

huí　　　　　　jiā　　　　　　yùn dòng yuán　　　　　　bǐ sài guī zé
回：戻る　／　家：家　／　运 动 员：スポーツマン　／　比 赛 规 则：試合ルール
zūn shǒu　　　　　xué shēng　　　　xué xí
遵 守：守る　／　学 生：学生　／　学 习：勉強する

Chapter4　これまでに習った言葉を使って、ペアワークで会話を練習してみよう。

会話1

　　wǒ dé huí jiā xiū xi le
A：我 得 回 家／休 息 了。（私は家に戻らない／休憩しないといけません。）

　　lù shang xiǎo xīn　hǎo hǎo xiū xi
B：路 上 小 心／好 好 休 息。（道中気をつけて／しっかり休憩してね。）

会話2

　　wǒ bù xǐ huan xué xí　yùn dòng
A：我 不 喜 欢 学 习／运 动。（私は勉強する／運動するのが好きではありません。）

　　nǐ yīng gāi hǎo hǎo xué xí　yùn dòng
B：你 应 该 好 好 学 习／运 动。（あなたはちゃんと勉強する／運動するべきです。）

Chapter4 に登場する重要な中国語単語

lù shang xiǎo xīn　　　　　　hǎo hǎo
路 上 小 心：道中気をつけて　／　好 好：ちゃんと・しっかり
yùn dòng
运 动：運動する

第3部

発展編

第1回　動作行為の対象を記すための"和""跟"

Chapter1　"A和B"、"A跟B"を学ぶ。

凛ちゃん：你知道京都的祇园吗？
　　　　　nǐ zhī dao Jīng dū de Qí yuán ma

ぐんぐん：听说过，不过我还没去过。
　　　　　tīng shuō guo, bú guò wǒ hái méi qù guo

凛ちゃん：这星期六我打算跟朋友去看看，和我们一起去吧。
　　　　　zhè xīng qī liù wǒ dǎ suan gēn péng you qù kàn kan, hé wǒ men yì qǐ qù ba

ぐんぐん：太好了！我也想认识你的朋友。
　　　　　tài hǎo le, wǒ yě xiǎng rèn shi nǐ de péng you

語法文法

「人＋"和"＋人」、「人＋"跟"＋人」の構文において、"和"や"跟"はどちらも「～と」という意味を表します。「A＋"和"＋B」の場合は、AとBは対等の関係です。「A＋"跟"＋B」の場合は、それに加えてBが動作の主体または中心の場合にも用います。

我和她打算去大阪玩。（私は彼女と大阪へ遊びに行く予定です。）
他跟中国朋友学习汉语。（彼は中国人の友達に中国語を習います。）
她跟我们一起去食堂。（彼女は私たちと一緒に食堂に行きます。）

Chapter1 に登場する重要な中国語単語

知道（zhī dao）：知る　／　京都（Jīng dū）：京都　／　祇园（Qí yuán）：祇園　／　听说（tīng shuō）：人が言うのを耳にする
不过（bú guò）：しかし　／　还（hái）：まだ　／　去（qù）：行く　／　星期六（xīng qī liù）：土曜日
打算（dǎ suan）：～するつもりだ　／　朋友（péng you）：友達　／　一起（yì qǐ）：一緒に　／　也（yě）：～もまた
想（xiǎng）：～したい　／　认识（rèn shi）：知り合いである　／　大阪（Dà bǎn）：大阪　／　玩（wán）：遊ぶ
中国（Zhōng guó）：中国　／　学习（xué xí）：勉強する・習う　／　汉语（Hàn yǔ）：中国語　／　食堂（shí táng）：食堂

Chapter2　ぐんぐんと凛ちゃんの会話を日本語に訳してみよう。

凛ちゃん：＿＿＿＿＿＿＿＿＿＿＿＿＿＿＿＿＿＿＿＿＿＿＿＿＿＿＿＿
ぐんぐん：＿＿＿＿＿＿＿＿＿＿＿＿＿＿＿＿＿＿＿＿＿＿＿＿＿＿＿＿
凛ちゃん：＿＿＿＿＿＿＿＿＿＿＿＿＿＿＿＿＿＿＿＿＿＿＿＿＿＿＿＿
ぐんぐん：＿＿＿＿＿＿＿＿＿＿＿＿＿＿＿＿＿＿＿＿＿＿＿＿＿＿＿＿

Chapter3　次の日本語を中国語に訳してみよう（かならずピンインも記すこと）。

（1）私は彼女と北京ダックを食べに行きます。
ピンイン＿＿＿＿＿＿＿＿＿＿＿＿＿＿＿＿＿＿＿＿＿＿＿＿＿＿＿＿
中国語＿＿＿＿＿＿＿＿＿＿＿＿＿＿＿＿＿＿＿＿＿＿＿＿＿＿＿＿

（2）私は彼と友達です。（"和"を使って）
ピンイン
中国語

（3）あなたは誰と行くつもりですか？（"跟"を使って）
ピンイン
中国語

Chapter3 に登場する重要な中国語単語
Běi jīng kǎo yā
北 京 烤 鸭：北京ダック ／ 　shéi
　　　　　　　　　　　　　　　　　　　　　　　誰：誰

Chapter4　これまでに習った言葉を使って、ペアワークで会話を練習してみよう。

会話1

A：你 跟 谁 一 起 去 食 堂／图 书 馆？
　　nǐ gēn shéi yì qǐ qù shí táng tú shū guǎn

（あなたは誰と一緒に食堂／図書館に行きますか？）

B：我 跟 朋 友 一 起 去 食 堂／图 书 馆。
　　wǒ gēn péng you yì qǐ qù shí táng tú shū guǎn

（私は友達と一緒に食堂／図書館に行きます。）

会話2

A：你 将 来 打 算 和 谁 经 营 餐 厅／公 司？
　　nǐ jiāng lái dǎ suan hé shéi jīng yíng cān tīng gōng sī

（あなたは将来誰とレストラン／会社を経営するつもりですか？）

B：我 打 算 和 妈 妈 经 营 餐 厅／公 司。
　　wǒ dǎ suan hé mā ma jīng yíng cān tīng gōng sī

（わたしはお母さんとレストラン／会社を経営するつもりです。）

Chapter4 に登場する重要な中国語単語
tú shū guǎn　　　　　　jiāng lái　　　　　jīng yíng　　　　　cān tīng
图 书 馆：図書館 ／ 将 来：将来 ／ 经 营：経営 ／ 餐 厅：レストラン
gōng sī
公 司：会社

第2回　選択疑問文 "是Ａ还是Ｂ？"

Chapter1　選択疑問文 "是Ａ还是Ｂ？" について学ぶ。

京都祇園に行く当日、凛ちゃんとぐんぐんは交通機関について話し合っています。

凛ちゃん：<ruby>快<rt>kuài</rt></ruby> <ruby>要<rt>yào</rt></ruby> <ruby>十<rt>shí</rt></ruby> <ruby>点<rt>diǎn</rt></ruby> <ruby>了<rt>le</rt></ruby>，<ruby>我们<rt>wǒ men</rt></ruby> <ruby>出发<rt>chū fā</rt></ruby> <ruby>吧<rt>ba</rt></ruby>。

ぐんぐん：<ruby>我们<rt>wǒ men</rt></ruby> <ruby>是<rt>shì</rt></ruby> <ruby>坐<rt>zuò</rt></ruby> <ruby>电车<rt>diàn chē</rt></ruby> <ruby>去<rt>qù</rt></ruby> <ruby>还是<rt>hái shì</rt></ruby> <ruby>坐<rt>zuò</rt></ruby> <ruby>地铁<rt>dì tiě</rt></ruby> <ruby>去<rt>qù</rt></ruby>？

凛ちゃん：<ruby>坐<rt>zuò</rt></ruby> <ruby>地铁<rt>dì tiě</rt></ruby> <ruby>吧<rt>ba</rt></ruby>，<ruby>地铁<rt>dì tiě</rt></ruby> <ruby>比<rt>bǐ</rt></ruby> <ruby>电车<rt>diàn chē</rt></ruby> <ruby>快<rt>kuài</rt></ruby>。

ぐんぐん：<ruby>好的<rt>hǎo de</rt></ruby>，<ruby>走<rt>zǒu</rt></ruby> <ruby>吧<rt>ba</rt></ruby>，<ruby>地铁站<rt>dì tiě zhàn</rt></ruby> <ruby>在<rt>zài</rt></ruby> <ruby>那边<rt>nà bian</rt></ruby>。

語法文法

"是Ａ还是Ｂ" は「Ａかそれともｂか」という意味を表し、ＡとＢの中から選択させる場合に用います。また、文末には "吗" をつける必要がありません。

她是京都人还是大阪人？（彼女は京都の出身ですか、それとも大阪の出身ですか。）

我们是去食堂还是去便利店？（私たちは食堂に行きますか、それともコンビニに行きますか。）

Chapter1 に登場する重要な中国語単語

快要～了（kuài yào le）：もうすぐ～だ　／　我们（wǒ men）：私たち　／　出发（chū fā）：出発する　／　坐（zuò）：乗る・座る

电车（diàn chē）：電車　／　去（qù）：行く　／　地铁（dì tiě）：地下鉄　／　快（kuài）：速い　／　走（zǒu）：歩く

京都人（Jīng dū rén）：京都出身の人　／　大阪人（Dà bǎn rén）：大阪出身の人　／　食堂（shí táng）：食堂

便利店（biàn lì diàn）：コンビニ

Chapter2　ぐんぐんと凛ちゃんの会話を日本語に訳してみよう。

凛ちゃん：_____

ぐんぐん：_____

凛ちゃん：_____

ぐんぐん：_____

Chapter3　次の日本語を中国語に訳してみよう（かならずピンインも記すこと）。

（１）彼女は20歳ですか、それとも30歳ですか？

ピンイン_____

中国語_____

（２）彼らは日本人ですか、それとも外国人ですか？

ピンイン_____

中国語_____

（3）私たちはフランスに行きますか、それともイタリアに行きますか？
ピンイン
中国語

Chapter3 に登場する重要な中国語単語

~岁：~歳（suì） ／ 日本人：日本人（Rì běn rén） ／ 外国人：外国人（wài guó rén） ／ 法国：フランス（Fǎ guó）
意大利：イタリア（Yì dà lì）

Chapter4　これまでに習った言葉を使って、ペアワークで会話を練習してみよう。

会話1

A：你是中国人还是日本人？（あなたは中国人ですか、それとも日本人ですか？）
　　nǐ shì Zhōng guó rén hái shì Rì běn rén

B：我是日本人。（私は日本人です。）
　　wǒ shì Rì běn rén

会話2

A：你想喝咖啡还是红茶？
　　nǐ xiǎng hē kā fēi hái shì hóng chá
（あなたはコーヒーが飲みたいですか、それとも紅茶を飲みたいですか？）

B：我想喝咖啡。（私はコーヒーを飲みたいです。）
　　wǒ xiǎng hē kā fēi

会話3

A：他什么时候毕业？（彼はいつ卒業しますか？）
　　tā shén me shí hòu bì yè

B：他明年就要毕业了。（彼は来年にはもう卒業します。）
　　tā míng nián jiù yào bì yè le

Chapter4 に登場する重要な中国語単語

中国人：中国人（Zhōng guó rén） ／ 喝：飲む（hē） ／ 咖啡：コーヒー（kā fēi） ／ 红茶：紅茶（hóng chá）
什么时候：いつ（shén me shí hòu） ／ 就要~了：もうすぐ~だ（jiù yào le） ／ 毕业：卒業する（bì yè）

第3回　動詞が2つ以上並んでいる連動文

Chapter1　1文に動詞が2つ以上並んでいる連動文について学ぶ。

ぐんぐん：míng tiān nǐ lái xué xiào ma
　　　　　明　天　你　来　学　校　吗？

凛ちゃん：bù lái, wǒ míng tiān qù jī chǎng jiē péng you
　　　　　不　来，我　明　天　去　机　场　接　朋　友。

ぐんぐん：nǐ péng you shén me shí hou dào
　　　　　你　朋　友　什　么　时　候　到？

凛ちゃん：tā zuò shàng wǔ shí diǎn de fēi jī xià wǔ yì diǎn bàn dào
　　　　　她　坐　上　午　十　点　的　飞　机，下　午　一　点　半　到。

語法文法
　連動文は、1つの主語が2つ以上の動作を連続して行う場合に使われる文です。これらの動作は、一般的に時間軸上で動作が行われる順番に並べます。

我跟朋友去图书馆学习。（私は友達と図書館へ勉強しに行く。）
你去打工吗？（あなたはアルバイトに行きますか？）

Chapter1 に登場する重要な中国語単語

míng tiān　　　　　lái　　　　　xué xiào　　　　　qù　　　　　jī chǎng
明　天：明日　／　来：くる　／　学　校：学校　／　去：行く　／　机　场：空港
jiē　　　　　　　péng you　　　　　shén me shí hou　　　　dào
接：出迎える　／　朋　友：友達　／　什　么　时　候：いつ　／　到：到着する
zuò　　　　　shàng wǔ　　　　　diǎn　　　　　fēi jī　　　　　xià wǔ
坐：乗る　／　上　午：午前　／　〜点：〜時　／　飞　机：飛行機　／　下　午：午後
tú shū guǎn　　　　　xué xí　　　　　dǎ gōng
图　书　馆：図書館　／　学　习：勉強する　／　打　工：アルバイトする

Chapter2　ぐんぐんと凛ちゃんの会話を日本語に訳してみよう。
ぐんぐん：＿＿＿＿＿＿＿＿＿＿＿＿＿＿＿＿＿＿＿＿＿＿＿＿＿＿＿＿＿＿＿
凛ちゃん：＿＿＿＿＿＿＿＿＿＿＿＿＿＿＿＿＿＿＿＿＿＿＿＿＿＿＿＿＿＿＿
ぐんぐん：＿＿＿＿＿＿＿＿＿＿＿＿＿＿＿＿＿＿＿＿＿＿＿＿＿＿＿＿＿＿＿
凛ちゃん：＿＿＿＿＿＿＿＿＿＿＿＿＿＿＿＿＿＿＿＿＿＿＿＿＿＿＿＿＿＿＿

Chapter3　次の日本語を中国語に訳してみよう（かならずピンインも記すこと）。

（1）私たちはカフェへコーヒーを飲みに行きましょう。
ピンイン
中国語

（2）あなたは東京へ遊びに行きたいですか。
ピンイン
中国語

（3）彼女は今日ショッピングしに行きません。
ピンイン
中国語

Chapter3 に登場する重要な中国語単語

kā fēi guǎn　　　　　　　　hē　　　　　kā fēi　　　　　　　Dōng jīng
咖 啡 馆：カフェ　／　喝：飲む　／　咖 啡：コーヒー　／　东 京：東京

wán　　　　　　jīn tiān　　　　　　gòu wù
玩：遊ぶ　／　今 天：今日　／　购 物：ショッピングする

Chapter4　これまでに習った言葉を使って、ペアワークで会話を練習してみよう。

会話1

　　　nǐ qù nǎ li
A：你 去 哪 里？（あなたはどこにいきますか？）

　　　wǒ qù tú shū guǎn　yán jiū shì　xué xí
B：我 去 图 书 馆 ／ 研 究 室 学 习。（私は図書館／研究室へ勉強しに行きます。）

会話2

　　　tā shén me shí hou qù liú xué
A：她 什 么 时 候 去 留 学？（彼女はいつ留学に行きますか？）

　　　tā míng nián qù liú xué
B：她 明 年 去 留 学。（彼女は来年留学に行きます。）

会話3

　　　nǐ qù biàn lì diàn　bǎi huò diàn mǎi dōng xi ma
A：你 去 便 利 店 ／ 百 货 店 买 东 西 吗？

（あなたはコンビニ／百貨店に買い物に行きますか？）

　　　wǒ bú qù biàn lì diàn　bǎi huò diàn mǎi dōng xi
B：我 不 去 便 利 店 ／ 百 货 店 买 东 西。

（私はコンビニ／百貨店に買い物に行きません。）

Chapter4 に登場する重要な中国語単語

nǎ li　　　　　　　yán jiū shì　　　　　　　shén me shí hou　　　　　liú xué
哪 里：どこ　／　研 究 室：研究室　／　什 么 时 候：いつ　／　留 学：留学する

míng nián　　　　　　biàn lì diàn　　　　　　　　　　bǎi huò diàn
明 年：来年　／　便 利 店：コンビニエンスストア　／　百 货 店：百貨店

第4回　推量や提案を表す助詞"吧"

Chapter1　推量や提案を表す助詞"吧"について学ぶ。
ぐんぐんと凛ちゃんは、趣味について話し合っています。

ぐんぐん：你有什么爱好？
　　　　　nǐ yǒu shén me ài hào

凛ちゃん：我喜欢打网球。
　　　　　wǒ xǐ huan dǎ wǎng qiú

ぐんぐん：我还没打过网球，很难吧？
　　　　　wǒ hái méi dǎ guò wǎng qiú hěn nán ba

凛ちゃん：不难。网球非常容易。
　　　　　bù nán wǎng qiú fēi cháng róng yì

語法文法

　文末に語気助詞"吧"をつけると、提案を表す「〜しましょう、〜してください」のほかに、推量や念押しの「〜でしょう」というニュアンスを表すことができます。また、"一定"と組み合わせることで、「きっと〜でしょう」という意味の強い推測を表現します。

我们一起去吧。（私たちは一緒に行きましょう。）
你们先吃吧。（あなたたちは先に食べてください。）
明天不下雨吧。（明日雨は降らないでしょう。）

Chapter1 に登場する重要な中国語単語

有：持つ・ある　／　什么：何・どんな　／　爱好：趣味・好み　／　喜欢：〜が好きだ
网球：テニス　／　还：まだ　／　难：難しい　／　非常：非常に
容易：簡単　／　一起：一緒に　／　去：行く　／　先：先に　／　吃：食べる
明天：明日　／　下雨：雨が降る

Chapter2　ぐんぐんと凛ちゃんの会話を日本語に訳してみよう。
ぐんぐん：＿＿＿＿＿＿＿＿＿＿＿＿＿＿＿＿＿＿＿＿
凛ちゃん：＿＿＿＿＿＿＿＿＿＿＿＿＿＿＿＿＿＿＿＿
ぐんぐん：＿＿＿＿＿＿＿＿＿＿＿＿＿＿＿＿＿＿＿＿
凛ちゃん：＿＿＿＿＿＿＿＿＿＿＿＿＿＿＿＿＿＿＿＿

Chapter3　次の日本語を中国語に訳してみよう（かならずピンインも記すこと）。
（1）あなたたちが先に行ってください。
ピンイン
中国語

（2）この本はあなたのでしょう。
ピンイン
中国語

（3）ご飯を食べたら、私たちは一緒にコーヒーを飲みに行きましょう。
ピンイン
中国語

Chapter3 に登場する重要な中国語単語
zhè běn shū　　　　　　　chī　　　　　　　　le　　　　　　　　　fàn
这 本 书：この本　／　吃：食べる　／　了：完了の意味を表す　／　饭：ご飯

Chapter4　これまでに習った言葉を使って、ペアワークで会話を練習してみよう。

会話1
　　　zhè běn shū shì nǐ de ba
A：这 本 书 是 你 的 吧?（この本はあなたのでしょう？）

　　　zhè běn shū bú shì wǒ de
B：这 本 书 不 是 我 的。（この本は私のではありません。）

会話2
　　　nǐ xiān zǒu ba　wǒ hái yǒu shì
A：你 先 走 吧。我 还 有 事。（あなたは先に行って下さい。私はまだ用事があります。）

　　　nà wǒ xiān zǒu le　nǐ zǎo diǎn xià bān ba
B：那 我 先 走 了。你 早 点 下 班 吧。
　（じゃあ先に失礼します。あなたは早く退社して下さいね。）

会話3
　　　cè suǒ zài nǎ r
A：厕 所 在 哪 儿?（トイレはどこですか？）

　　　zài èr lóu ba
B：在 二 楼 吧。(2階にあるでしょう。)

Chapter4 に登場する重要な中国語単語
zǒu　　　　　　　　　　　　　　　yǒu shì　　　　　　　　　nà
走：歩く・ある場所から離れていく　／　有 事：用事がある　／　那：じゃあ
zǎo diǎn　　　　　　　　　　xià bān　　　　　　　cè suǒ　　　　　　　lóu
早 点～：ちょっと早く～する　／　下 班：退社する　／　厕 所：トイレ　／　楼：階

第5回　名詞句が述語になる名詞述語文

Chapter1　"是"の省略について学ぶ。

ぐんぐん：你的手表多少钱？
　　　　　nǐ de shǒu biǎo duō shǎo qián

凛ちゃん：我的手表三万日元。
　　　　　wǒ de shǒu biǎo sān wàn rì yuán

ぐんぐん：太贵了！我的手表一千日元。
　　　　　tài guì le wǒ de shǒu biǎo yì qiān rì yuán

凛ちゃん：这么便宜！
　　　　　zhè me pián yi

語法文法

　日時、天候、出身、年齢、数量などを表す場合に、主語のうしろの"是"が省略されることがあります。しかし、否定する場合は、動詞（つまり"不是"）が必要になります。

这个多少钱？（これはいくらですか？）
他上海人。（彼は上海の出身です。）
今天星期四。（今日は木曜日です。）
明天不是星期天。（明日は日曜日ではありません。）

Chapter1 に登場する重要な中国語単語

手表 shǒu biǎo：腕時計　／　多少钱？duō shǎo qián：いくら？　／　～万 wàn：～万　／　日元 rì yuán：日本円
太～了 tài～le：～すぎる　／　贵 guì：(値段が)高い　／　千 qiān：千　／　这么 zhè me：こんなに
便宜 pián yi：(値段が)安い　／　这个 zhè ge：この～・これ　／　上海人 Shàng hǎi rén：上海出身の人
今天 jīn tiān：今日　／　星期四 xīng qī sì：木曜日　／　明天 míng tiān：明日　／　星期天 xīng qī tiān：日曜日

Chapter2　ぐんぐんと凛ちゃんの会話を日本語に訳してみよう。

ぐんぐん：_____
凛ちゃん：_____
ぐんぐん：_____
凛ちゃん：_____

Chapter3　次の日本語を中国語に訳してみよう（かならずピンインも記すこと）。

（1）今日は何月何日ですか。
ピンイン_____
中国語_____

（2）彼女は上海の出身ではないでしょう？
ピンイン
中国語

（3）6月30日は水曜日です。
ピンイン
中国語

Chapter4　これまでに習った言葉を使って、ペアワークで会話を練習してみよう。

会話1

A：　nín　nǎ li rén
　　您　哪 里 人 ？（あなたはどこの出身でいらっしゃいますか？）

B：　wǒ Jīng dū　Dà bǎn　Tái wān rén
　　我 京 都／大 阪／台 湾 人 。（私は京都／大阪／台湾人です。）

会話2

A：　zhè ge shǒu jī duō shǎo qián
　　这 个 手 机 多 少 钱 ？（このスマートフォンはいくらですか？）

B：　wǔ wàn bā qiān rì yuán　shí liù wàn liù qiān rì yuán
　　五 万 八 千 日 元／十 六 万 六 千 日 元 。(5万8000円／16万6000円です。)

会話3

A：　nǐ de shēng rì jǐ yuè jǐ hào
　　你 的 生 日 几 月 几 号 ？（あなたの誕生日は何月何日ですか？）

B：　wǒ de shēng rì èr yuè èr shí jiǔ hào
　　我 的 生 日 二 月 二 十 九 号 。（私の誕生日は2月29日です。）

Chapter4に登場する重要な中国語単語

nín　　　　　　　　　nǎ li rén　　　　　　　　　Dà bǎn　　　　Tái wān
您：あなた（敬語）／哪 里 人 ？：どこの出身？／大 阪：大阪／台 湾：台湾

shǒu jī　　　　　　　shēng rì
手 机：スマートフォン／生 日：誕生日

第6回　新しい事態の発生や状態の変化を表す"了"

Chapter1　完了の"了"、変化の"了"。

ぐんぐん：现在几点了？
　　　　　xiàn zài jǐ diǎn le

凛ちゃん：十点半了。你什么时候上课？
　　　　　shí diǎn bàn le nǐ shén me shí hou shàng kè

ぐんぐん：我十点五十五分上课。我得出发了。
　　　　　wǒ shí diǎn wǔ shí wǔ fēn shàng kè wǒ děi chū fā le

凛ちゃん：那你快去吧，不要迟到。
　　　　　nà nǐ kuài qù ba bú yào chí dào

語法文法
　"了"は動詞の直後に置いて、完了・完成を表すほかに、文末につけることで新しい状況が発生したことを表すこともできます。この場合、「～になった」というニュアンスを表します。

她们走了。（彼女たちは行ってしまった。）
我弟弟也是大学生了。（私の弟も大学生になりました。）
爸爸不喝酒了。（父はお酒を飲まなくなった。）

Chapter1 に登場する重要な中国語単語

现在 xiàn zài：現在・今　／　十点半 shí diǎn bàn：10時半　／　什么时候 shén me shí hou：いつ
上 shàng：(職場・学校などに)行く　／　课 kè：授業　／　得 děi：～しなければならない
出发 chū fā：出発する　／　那 nà (話し言葉)：じゃあ　／　快 kuài：早く・早い
不要 bú yào：～してはいけない・～しなくてもいい・要らない　／　迟到 chí dào：遅刻する
走 zǒu：歩く・ある場所から離れていく　／　弟弟 dì di：弟　／　也 yě：～もまた
大学生 dà xué shēng：大学生　／　爸爸 bà ba：お父さん　／　喝 hē：飲む　／　酒 jiǔ：お酒

Chapter2　ぐんぐんと凛ちゃんの会話を日本語に訳してみよう。
ぐんぐん：＿＿＿＿＿＿＿＿＿＿＿＿＿＿＿＿＿＿＿＿＿＿＿＿＿＿＿＿＿＿
凛ちゃん：＿＿＿＿＿＿＿＿＿＿＿＿＿＿＿＿＿＿＿＿＿＿＿＿＿＿＿＿＿＿
ぐんぐん：＿＿＿＿＿＿＿＿＿＿＿＿＿＿＿＿＿＿＿＿＿＿＿＿＿＿＿＿＿＿
凛ちゃん：＿＿＿＿＿＿＿＿＿＿＿＿＿＿＿＿＿＿＿＿＿＿＿＿＿＿＿＿＿＿

Chapter3　次の日本語を中国語に訳してみよう（かならずピンインも記すこと）。
（1）私のお父さんは中国に行きました。
ピンイン
中国語

（2）2時10分になりました。
ピンイン
中国語

（3）スマートフォンは安くなりました。
ピンイン
中国語

Chapter3 に登場する重要な中国語単語

qù	Zhōng guó	shǒu jī	pián yi
去：行く	中国：中国	手机：スマートフォン	便宜：(値段が)安い

Chapter4　これまでに習った言葉を使って、ペアワークで会話を練習してみよう。

会話1

　　　xiàn zài jǐ diǎn le
A：现 在 几 点 了？（今何時ですか？）

　　　liù diǎn bàn le wǒ děi qù dǎ gōng le
B：六 点 半 了，我 得 去 打 工 了。
（6時半になりました。私はアルバイトに行かないといけません。）

会話2

　　　tiān qì zěn me yàng
A：天 气 怎 么 样？（天気はどうですか？）

　　　tiān qì rè lěng le
B：天 气 热／冷 了。（天気は暑く／寒くなりました。）

会話3

　　　nǐ bà ba qù nǎ r gōng zuò le
A：你爸爸去 哪 儿 工 作 了？（あなたのお父さんはどこに働きに行きましたか？）

　　　tā qù Zhōng guó gōng zuò le
B：他 去 中 国 工 作 了。（彼は中国に働きに行きました。）

Chapter4 に登場する重要な中国語単語

　dǎ gōng　　　　　　　tiān qì　　　　　zěn me yàng
打 工：アルバイトする　／　天 气：天気　／　怎 么 样：どうですか？
　rè　　　　　　lěng　　　　　　　gōng zuò
热：暑い・熱い　／　冷：冷たい・寒い　／　工 作（動詞）：働く

第7回　話し手の見方や態度を強調する"是…的"構文

Chapter1　場所、時間、方法の強調を学ぶ。

ぐんぐん：我的手机快没电了，你有充电宝吗？
　　　　　wǒ de shǒu jī kuài méi diàn le, nǐ yǒu chōng diàn bǎo ma

凛ちゃん：有，给你。
　　　　　yǒu, gěi nǐ

ぐんぐん：谢谢，这个充电宝真可爱。在哪里买的？
　　　　　xiè xie, zhè ge chōng diàn bǎo zhēn kě ài. zài nǎ li mǎi de

凛ちゃん：是在网上买的。
　　　　　shì zài wǎng shang mǎi de

語法文法

"是…的"構文は、すでに行われたことに対して、場所や時点、方法などの重要事項を強調する際に使用します。

この構文では、重要事項が"是"の後に置かれ、動詞の後（目的語のうしろ）に"的"を付けます。なお、"了"は使いません。

他们是在网球俱乐部认识的。（彼らはテニスクラブで知り合ったのです。）
你是怎么来的大学？（あなたはどうやって大学に来ましたか？）
我是坐巴士来的。（私はバスで来ました。）

Chapter1 に登場する重要な中国語単語

手机（shǒu jī）：スマートフォン　／　快（kuài）：早く・早い　／　没电（méi diàn）：電池がなくなる　／　有（yǒu）：持つ
充电宝（chōng diàn bǎo）：モバイルバッテリー　／　这个（zhè ge）：この〜・これ　／　真（zhēn）：本当に
可爱（kě ài）：かわいい　／　哪里（nǎ li）：どこ　／　买（mǎi）：買う　／　在网上（zài wǎng shang）：ネット上で
网球俱乐部（wǎng qiú jù lè bù）：テニスクラブ　／　认识（rèn shi）：見知る・知っている　／　怎么（zěn me）：どうやって
来（lái）：来る　／　大学（dà xué）：大学　／　坐（zuò）：乗る・座る　／　巴士（bā shì）：バス

Chapter2　ぐんぐんと凛ちゃんの会話を日本語に訳してみよう。

ぐんぐん：＿＿＿＿＿＿＿＿＿＿＿＿＿＿＿＿＿＿＿＿＿＿＿＿＿＿
凛ちゃん：＿＿＿＿＿＿＿＿＿＿＿＿＿＿＿＿＿＿＿＿＿＿＿＿＿＿
ぐんぐん：＿＿＿＿＿＿＿＿＿＿＿＿＿＿＿＿＿＿＿＿＿＿＿＿＿＿
凛ちゃん：＿＿＿＿＿＿＿＿＿＿＿＿＿＿＿＿＿＿＿＿＿＿＿＿＿＿

Chapter3　次の日本語を中国語に訳してみよう（かならずピンインも記すこと）。

（1）彼は去年日本に来ました。
ピンイン＿＿＿＿＿＿＿＿＿＿＿＿＿＿＿＿＿＿＿＿＿＿＿＿＿＿
中国語＿＿＿＿＿＿＿＿＿＿＿＿＿＿＿＿＿＿＿＿＿＿＿＿＿＿

（2）この本はどこで買ったのですか？
ピンイン
中国語

（3）私は自転車で大学に来たのではありません。
ピンイン
中国語

Chapter3 に登場する重要な中国語単語

qù nián　　　　　　Rì běn　　　　　shū　　　　qí
去 年：去年　／　日 本：日本　／　书：本　／　骑：(馬・自転車)に乗る
zì xíng chē
自 行 车：自転車

Chapter4　これまでに習った言葉を使って、ペアワークで会話を練習してみよう。

会話1
　　nǐ shì jīn tiān jǐ diǎn lái de dà xué
A：你 是 今 天 几 点 来 的 大 学？（あなたは今日の何時に大学に来ましたか？）
　　wǒ shì bā diǎn bàn lái de dà xué
B：我 是 八 点 半 来 的 大 学。（私は8時30分に大学に来ました。）

会話2
　　zhè ge miàn bāo shì shéi mǎi de
A：这 个 面 包 是 谁 买 的？（このパンは誰が買ったのですか？）
　　shì wǒ mā ma mǎi de
B：是 我 妈 妈 买 的。（お母さんが買ったのです。）

会話3
　　nǐ shì nǎ nián chū shēng de
A：你 是 哪 年 出 生 的？（あなたは何年に生まれましたか？）
　　wǒ shì èr líng líng sān nián chū shēng de
B：我 是 二 零 零 三 年 出 生 的。（私は2003年に生まれました。）

Chapter4 に登場する重要な中国語単語

jīn tiān　　　　　jǐ diǎn　　　　bā diǎn bàn　　　　　miàn bāo
今 天：今日　／　几 点：何時　／　八 点 半：8時30分　／　面 包：パン
shéi　　　　mā ma　　　　chū shēng
谁：誰　／　妈 妈：お母さん　／　出 生：生まれる

第8回　副詞"都""也"

Chapter1　「～はすべて」の"都"、「～も」の"也"を学ぶ。

凛ちゃん：你来日本后，吃过寿司和拉面吗?
　　　　　nǐ lái Rì běn hòu chī guo shòu sī hé lā miàn ma

ぐんぐん：都吃过，味道超棒！
　　　　　dōu chī guo wèi dào chāo bàng

凛ちゃん：纳豆你也吃过吗?
　　　　　nà dòu nǐ yě chī guo ma

ぐんぐん：吃过，也很喜欢。
　　　　　chī guo yě hěn xǐ huan

語法文法

　副詞"都"と"也"はどちらも述語動詞や形容詞の前に置くことができます。"都"は「みな、すべて」という意味を表し、"也"は日本語の「も」に近い意味を表します。また、"都"と"也"が合わせて使われる場合は、一般的に"也都"の順になります。

他们都不是三年级的学生。（彼らはみな3年生ではありません。）
我学汉语，也学英语。（私は中国語を学び、英語も学びます。）
她们也都喜欢吃米饭。（彼女たちも全員ご飯を食べるのが好きです。）

Chapter1 に登場する重要な中国語単語

来：来る　／　日本：日本　／　后：(時間的に) 後・うしろ　／　吃：食べる
lái　　　　　Rì běn　　　　　　hòu　　　　　　　　　　　　　　chī

寿司：寿司　／　拉面：ラーメン　／　味道：味　／　超：超～
shòu sī　　　　lā miàn　　　　　　　wèi dào　　　　chāo

棒：優れている　／　纳豆：納豆　／　喜欢：好きだ
bàng　　　　　　　nà dòu　　　　　xǐ huan

～年级的学生：～年生の学生　／　学：学ぶ　／　汉语：中国語
nián jí de xué shēng　　　　　　　　xué　　　　　Hàn yǔ

英语：英語　／　米饭：ご飯
Yīng yǔ　　　　mǐ fàn

Chapter2　ぐんぐんと凛ちゃんの会話を日本語に訳してみよう。

凛ちゃん：＿＿＿＿＿＿＿＿＿＿＿＿＿＿＿＿＿＿＿＿＿＿
ぐんぐん：＿＿＿＿＿＿＿＿＿＿＿＿＿＿＿＿＿＿＿＿＿＿
凛ちゃん：＿＿＿＿＿＿＿＿＿＿＿＿＿＿＿＿＿＿＿＿＿＿
ぐんぐん：＿＿＿＿＿＿＿＿＿＿＿＿＿＿＿＿＿＿＿＿＿＿

Chapter3　次の日本語を中国語に訳してみよう（かならずピンインも記すこと）。

（1）彼らはみな寿司を食べたことがありません。

ピンイン＿＿＿＿＿＿＿＿＿＿＿＿＿＿＿＿＿＿＿＿＿＿＿
中国語＿＿＿＿＿＿＿＿＿＿＿＿＿＿＿＿＿＿＿＿＿＿＿＿

（2）教室の中に机があり、椅子もある。
ピンイン
中国語

（3）彼女たちも全員日本語を話すことができません。（"会"を使う）
ピンイン
中国語

Chapter3 に登場する重要な中国語単語

jiào shì　　　　　lǐ　　　　　yǒu　　　　　　　zhuō zi　　　yǐ zi
教 室：教室　／　里：～の中　／　有：～がいる・ある　／　桌 子：机　／　椅 子：椅子
shuō　　　　　Rì yǔ
说：話す　／　日 语：日本語

Chapter4　これまでに習った言葉を使って、ペアワークで会話を練習してみよう。

会話1

　　　tā men dōu shì hù shi ma
A：她 们 都 是 护 士 吗？（彼女たちはみな看護師ですか？）

　　　bú shì　tā men shì yī shēng
B：不 是，她 们 是 医 生 。（いいえ、彼女たちは医者です。）

会話2

　　　nǐ yě qù tú shū guǎn ma
A：你 也 去 图 书 馆 吗？（あなたも図書館に行きますか？）

　　　duì　wǒ qù chá zī liào
B：对，我 去 查 资 料 。（はい、私は資料を調べに行きます。）

会話3

　　　tā men yě dōu shì yī nián jí de ma
A：他 们 也 都 是 一 年 级 的 吗？（彼らもみんな1年生ですか？）

　　　bù　tā men shì sān nián jí de
B：不，他 们 是 三 年 级 的。（いいえ、彼らは3年生です。）

Chapter4 に登場する重要な中国語単語

hù shi　　　　　yī shēng　　　　　qù　　　　　tú shū guǎn
护 士：看護師　／　医 生：医者　／　去：行く　／　图 书 馆：図書館
chá　　　　　zī liào
查：調べる　／　资 料：資料

第 9 回　二重目的語をとる動詞

Chapter1　"動詞＋人＋目的語"構文を学ぶ。

凛ちゃん：<ruby>你<rt>nǐ</rt></ruby> <ruby>看<rt>kàn</rt></ruby> <ruby>过<rt>guò</rt></ruby> <ruby>棒<rt>bàng</rt></ruby> <ruby>球<rt>qiú</rt></ruby> <ruby>比<rt>bǐ</rt></ruby> <ruby>赛<rt>sài</rt></ruby> <ruby>吗<rt>ma</rt></ruby>？

ぐんぐん：<ruby>我<rt>wǒ</rt></ruby> <ruby>只<rt>zhǐ</rt></ruby> <ruby>在<rt>zài</rt></ruby> <ruby>电<rt>diàn</rt></ruby> <ruby>视<rt>shì</rt></ruby> <ruby>上<rt>shàng</rt></ruby> <ruby>看<rt>kàn</rt></ruby> <ruby>过<rt>guò</rt></ruby>。

凛ちゃん：<ruby>朋<rt>péng</rt></ruby> <ruby>友<rt>yǒu</rt></ruby> <ruby>给<rt>gěi</rt></ruby> <ruby>了<rt>le</rt></ruby> <ruby>我<rt>wǒ</rt></ruby> <ruby>两<rt>liǎng</rt></ruby> <ruby>张<rt>zhāng</rt></ruby> <ruby>票<rt>piào</rt></ruby>，<ruby>一<rt>yì</rt></ruby> <ruby>起<rt>qǐ</rt></ruby> <ruby>去<rt>qù</rt></ruby> <ruby>吧<rt>ba</rt></ruby>。

ぐんぐん：<ruby>太<rt>tài</rt></ruby> <ruby>好<rt>hǎo</rt></ruby> <ruby>了<rt>le</rt></ruby>！<ruby>谢<rt>xiè</rt></ruby> <ruby>谢<rt>xie</rt></ruby> <ruby>你<rt>nǐ</rt></ruby>。

語法文法
　"给""教""告诉""问"などの動詞は同時に2つの目的語をとることができます。語順は「動詞＋間接目的語（人）＋直接目的語（もの）」となります。

老师给我一本书。（先生は私に本を1冊くれます。）
美国朋友教我英语。（アメリカ人の友達は私に英語を教えます。）
他没告诉我他的手机号码。（彼は私に彼の携帯番号を教えてくれませんでした。）

Chapter1 に登場する重要な中国語単語
看（kàn）：見る・読む　／　棒球（bàng qiú）：野球　／　比赛（bǐ sài）：試合　／　只（zhǐ）：ただ…だけ
电视（diàn shì）：テレビ　／　给（gěi）：あげる　／　张（zhāng）：～枚　／　票（piào）：切符・チケット
一起（yì qǐ）：一緒に　／　去（qù）：行く　／　太～了（tài le）：～すぎる　／　老师（lǎo shī）：先生　／　本（běn）：～冊
书（shū）：本　／　美国（Měi guó）：アメリカ　／　朋友（péng you）：友達　／　教（jiāo）：教える　／　英语（Yīng yǔ）：英語
告诉（gào su）：知らせる　／　手机号码（shǒu jī hào mǎ）：携帯番号

Chapter2　ぐんぐんと凛ちゃんの会話を日本語に訳してみよう。
凛ちゃん：＿＿＿＿＿＿＿＿＿＿＿＿＿＿＿＿＿＿＿＿＿＿＿＿＿＿＿＿＿＿
ぐんぐん：＿＿＿＿＿＿＿＿＿＿＿＿＿＿＿＿＿＿＿＿＿＿＿＿＿＿＿＿＿＿
凛ちゃん：＿＿＿＿＿＿＿＿＿＿＿＿＿＿＿＿＿＿＿＿＿＿＿＿＿＿＿＿＿＿
ぐんぐん：＿＿＿＿＿＿＿＿＿＿＿＿＿＿＿＿＿＿＿＿＿＿＿＿＿＿＿＿＿＿

Chapter3　次の日本語を中国語に訳してみよう（かならずピンインも記すこと）。
（1）私は彼女にプレゼントを（1つ）あげたいです。
ピンイン＿＿＿＿＿＿＿＿＿＿＿＿＿＿＿＿＿＿＿＿＿＿＿＿＿＿＿＿＿＿
中国語＿＿＿＿＿＿＿＿＿＿＿＿＿＿＿＿＿＿＿＿＿＿＿＿＿＿＿＿＿＿＿

（2）王先生は私たちに英語を教えません。
ピンイン
中国語

（3）彼女の名前を教えてください。
ピンイン
中国語

> **Chapter3 に登場する重要な中国語単語**
> yí ge　　　　　　lǐ wù　　　　　　　　Wáng　　　　　　　　gào su
> 一 个：1つ　／　礼 物：プレゼント　／　　王：王（名前）　／　告 诉：知らせる
> míng zi
> 　名　字：名前

Chapter4　これまでに習った言葉を使って、ペアワークで会話を練習してみよう。

会話1

　　　nà ge shāng diàn zěn me yàng
A：那 个 商 店 怎 么 样？（あのお店どうですか？）

　　　fēi cháng dà
B：非 常 大。（非常に広いです。）

会話2

　　　shéi jiāo nǐ Hàn yǔ
A：谁 教 你 汉 语？（誰があなたに中国語を教えますか？）

　　　Zhōng guó péng you
B：中 国 朋 友。（中国人の友達です。）

会話3

　　　nǐ gěi tā shén me
A：你 给 她 什 么？（あなたは彼女に何をあげますか？）

　　　wǒ gěi tā yì běn cí diǎn
B：我 给 她 一 本 词 典。（私は彼女に辞書をあげます。）

> **Chapter4 に登場する重要な中国語単語**
> nà ge　　　　　　shāng diàn　　　　　　fēi cháng　　　　　　　dà
> 那 个：あの　／　商 店：店・商店　／　非 常：非常に　／　大：大きい・広い
> shéi　　　　　　Hàn yǔ　　　　　　Zhōng guó　　　　　　cí diǎn
> 　谁：誰　／　汉 语：中国語　／　中 国：中国　／　词 典：辞書

第10回　与える相手を表す介詞"给"

Chapter1　「～に」の"给"を学ぶ。

凛ちゃん：你在做什么？
　　　　　nǐ zài zuò shén me

ぐんぐん：我在给韩国朋友写明信片。
　　　　　wǒ zài gěi Hán guó péng you xiě míng xìn piàn

凛ちゃん：她也会中文吗？
　　　　　tā yě huì Zhōng wén ma

ぐんぐん：会，她的中文很不错呢。
　　　　　huì tā de Zhōng wén hěn bú cuò ne

語法文法

　介詞"给"は、動作の対象や受け手などを表します。介詞フレーズ「"给"＋目的語」は「～に」「～のために」という意味を表します。

妈妈给我买了毛衣。（母は私にセーターを買ってくれました。）
我想给他打电话。（私は彼に電話したいです。）
爸爸不给我买手表。（父は私に腕時計を買ってくれません。）

Chapter1 に登場する重要な中国語単語

做(zuò)：行う・する　／　给(gěi)：～に　／　韩国(Hán guó)：韓国　／　朋友(péng you)：友達　／　写(xiě)：書く
明信片(míng xìn piàn)：絵はがき　／　也(yě)：～もまた　／　中文(Zhōng wén)：中国語
不错(bú cuò)：よい・悪くない　／　呢(ne)：文末に用いて確認のニュアンスを表す　／　妈妈(mā ma)：お母さん
买(mǎi)：買う　／　毛衣(máo yī)：セーター　／　想(xiǎng)：～したい　／　打电话(dǎ diàn huà)：電話する
爸爸(bà ba)：お父さん　／　手表(shǒu biǎo)：腕時計

Chapter2　ぐんぐんと凛ちゃんの会話を日本語に訳してみよう。

凛ちゃん：_____
ぐんぐん：_____
凛ちゃん：_____
ぐんぐん：_____

Chapter3　次の日本語を中国語に訳してみよう（かならずピンインも記すこと）。

（1）彼は友達にプレゼントを買っています。
ピンイン_____
中国語_____

102

（2）私は母に電話をかけたいです。
ピンイン
中国語

（3）姉は私にご飯を作ってくれません。
ピンイン
中国語

Chapter3 に登場する重要な中国語単語

lǐ wù　　　　　　　jiě jie　　　　　zuò　　　　　　fàn
礼 物：プレゼント ／ 姐 姐：姉 ／ 做：作る・する ／ 饭：ご飯

Chapter4　これまでに習った言葉を使って、ペアワークで会話を練習してみよう。

会話1

　　　nǐ gěi mā ma mǎi shén me
A：你 给 妈 妈 买 什 么？（あなたはお母さんに何を買いますか？）

　　　wǒ gěi mā ma mǎi shǒu tào
B：我 给 妈 妈 买 手 套。（私はお母さんに手袋を買います。）

会話2

　　　nǐ zài gàn shén me ne
A：你 在 干 什 么 呢？（あなたは何をしていますか？）

　　　wǒ zài gěi péng you xiě xìn
B：我 在 给 朋 友 写 信。（私は友達に手紙を書いています。）

会話3

　　　nǐ bà ba gěi nǐ mǎi shǒu jī ma
A：你 爸 爸 给 你 买 手 机 吗？
　（お父さんはあなたにスマートフォンを買ってくれますか？）

　　　tā bù gěi wǒ mǎi shǒu jī
B：他 不 给 我 买 手 机。（彼はスマートフォンを買ってくれません。）

Chapter4 に登場する重要な中国語単語

shǒu tào　　　　　xìn　　　　shǒu jī
手 套：手袋 ／ 信：手紙 ／ 手 机：スマートフォン

第11回　動作行為の結果を表す結果補語

Chapter1　「動詞＋"到／完／好"」を学ぶ。

凛ちゃん：演唱会的票你买到了吗？
　　　　　yǎn chàng huì de piào nǐ mǎi dào le ma

ぐんぐん：还没买到，第一次抽选没中。
　　　　　hái méi mǎi dào　dì yī cì chōu xuǎn méi zhòng

凛ちゃん：别灰心，还有机会。
　　　　　bié huī xīn　hái yǒu jī huì

ぐんぐん：祝我好运。
　　　　　zhù wǒ hǎo yùn

語法文法

　"到"、"完"、"好"など動詞の直後につき，動作行為がもたらす結果を表す動詞や形容詞成分を「結果補語」と言います。"到"は「手にいれる」「みつける」、"完"は「～し終える」、"好"は「うまく～する」のニュアンスを内包しています。

我在便利店看到她了。（私はコンビニで彼女を見ました。）
她看完了那本小说。（彼女はあの小説を読み終えました。）
午饭做好了。（お昼ご飯ができあがりました。）

Chapter1 に登場する重要な中国語単語
演唱会：コンサート　／　票：切符　／　买：買う　／　到：目的に達することを表す
第～次：第～回　／　抽选：抽選　／　中：当たる　／　别：～しないで
灰心：気落ちする　／　机会：機会　／　祝～好运：～が幸運でありますように
便利店：コンビニ　／　看：見る・読む　／　完：～し終える　／　那本：あの一冊の～
小说：小説　／　做：～する・～を作る　／　午饭：お昼ご飯

Chapter2　ぐんぐんと凛ちゃんの会話を日本語に訳してみよう。

凛ちゃん：_____
ぐんぐん：_____
凛ちゃん：_____
ぐんぐん：_____

Chapter3　次の日本語を中国語に訳してみよう（かならずピンインも記すこと）。

（1）私は晩ご飯を食べ終えました。
ピンイン
中国語　_____

（2）この中国語の小説、あなたは読んで理解しましたか？
ピンイン
中国語

（3）昨日私は彼女を見かけませんでした。
ピンイン
中国語

Chapter3 に登場する重要な中国語単語

chī　　　　　　　　wǎn fàn　　　　　　zhè běn　　　　　　　Zhōng wén
吃：食べる　／　晚 饭：晩ご飯　／　这 本：この一冊の～　／　中 文：中国語
zuó tiān
昨 天：昨日

Chapter4　これまでに習った言葉を使って、ペアワークで会話を練習してみよう。

会話1

　　nǐ mǎi dào nà běn shū le ma
A：你 买 到 那 本 书 了 吗？（あなたはあの本を買いましたか？）

　　mǎi dào le hái méi mǎi dào
B：买 到 了／还 没 买 到。（買いました／まだです。）

会話2

　　lǎo shī shuō de Hàn yǔ nǐ tīng dǒng le ma
A：老 师 说 的 汉 语，你 听 懂 了 吗？
　（先生が話した中国語を、あなたは聞いて分かりましたか？）
　　wǒ tīng dǒng le méi tīng dǒng
B：我 听 懂 了／没 听 懂。（聞いて分かりました／聞いて分かりませんでした。）

会話3

　　dì shí yī kè de shēng cí nǐ jì zhù le ma
A：第 十 一 课 的 生 词，你 记 住 了 吗？（第11課の新出単語は覚えましたか？）
　　jì zhù le hái méi jì zhù
B：我 记 住 了／还 没 记 住。（覚えました／まだ覚えていません。）

Chapter4 に登場する重要な中国語単語

lǎo shī　　　　　　shuō　　　　　　Hàn yǔ　　　　　　shēng cí
老 师：先生　／　说：話す　／　汉 语：中国語　／　生 词：新出単語
jì zhù
记 住：覚える

第12回 "有点"と"一点"

Chapter1 "有点（儿）"と"一点（儿）"をつかって、「少し」の意味を表す。

ぐんぐん：你肚子饿了吗？
（nǐ dù zi è le ma）

凛ちゃん：有点（儿）饿了。我们去食堂吃一点（儿）饭吧。
（yǒu diǎn r è le wǒ men qù shí táng chī yì diǎn r fàn ba）

ぐんぐん：食堂现在人很多，我们去小卖店看看吧。
（shí táng xiàn zài rén hěn duō wǒ men qù xiǎo mài diàn kàn kan ba）

凛ちゃん：好的，小卖店人很少。
（hǎo de xiǎo mài diàn rén hěn shǎo）

語法文法
　"有点（儿）"と"一点（儿）"はどちらも「少し」を表しますが、"有点（儿）"は副詞で、形容詞や動詞の前に置き、話し手にとって少し好ましくないニュアンスを表します。一方、"一点（儿）"は少量を表す数量詞で、形容詞や動詞のうしろに置き、「比較して少し〜」というニュアンスを表します。

她有点（儿）累了。（彼女は少し疲れました。）
你想吃一点（儿）什么吗？（あなたは何かちょっと食べたいですか。）
今天比昨天暖和一点（儿）。（今日は昨日より少し暖かいです。）

Chapter1 に登場する重要な中国語単語

肚子（dù zi）：お腹 ／ 饿（è）：空く ／ 去（qù）：行く ／ 食堂（shí táng）：食堂 ／ 吃（chī）：食べる
饭（fàn）：ご飯 ／ 现在（xiàn zài）：今 ／ 人（rén）：人 ／ 多（duō）：多い ／ 小卖店（xiǎo mài diàn）：売店
少（shǎo）：少ない ／ 累（lèi）：疲れる ／ 想（xiǎng）：〜したい ／ 今天（jīn tiān）：今日
昨天（zuó tiān）：昨日 ／ 暖和（nuǎn huo）：暖かい

Chapter2 ぐんぐんと凛ちゃんの会話を日本語に訳してみよう。

ぐんぐん：＿＿＿＿＿＿＿＿＿＿＿＿＿＿＿＿＿＿＿＿＿＿＿＿＿＿＿＿
凛ちゃん：＿＿＿＿＿＿＿＿＿＿＿＿＿＿＿＿＿＿＿＿＿＿＿＿＿＿＿＿
ぐんぐん：＿＿＿＿＿＿＿＿＿＿＿＿＿＿＿＿＿＿＿＿＿＿＿＿＿＿＿＿
凛ちゃん：＿＿＿＿＿＿＿＿＿＿＿＿＿＿＿＿＿＿＿＿＿＿＿＿＿＿＿＿

Chapter3 次の日本語を中国語に訳してみよう（かならずピンインも記すこと）。

（1）航空券は少し高いです。
ピンイン＿＿＿＿＿＿＿＿＿＿＿＿＿＿＿＿＿＿＿＿＿＿＿＿＿＿＿＿
中国語＿＿＿＿＿＿＿＿＿＿＿＿＿＿＿＿＿＿＿＿＿＿＿＿＿＿＿＿＿

（2）日本人学生は留学生より少し多いです。
ピンイン
中国語

（3）私は牛乳をちょっと飲みたいです。
ピンイン
中国語

Chapter3 に登場する重要な中国語単語

jī piào　　　　　　　　guì　　　　　　　　Rì běn xué shēng
机 票：航空券　／　贵：(値段が)高い　／　日 本 学 生：日本人学生
liú xué shēng　　　　　　hē　　　　niú nǎi
留 学 生：留学生　／　喝：飲む　／　牛 奶：牛乳

Chapter4　これまでに習った言葉を使って、ペアワークで会話を練習してみよう。

会話1

　　hái yào bié de ma
A：还 要 别 的 吗？（他に何か欲しいですか？）

　　zài mǎi yì diǎn　r　miàn bāo　jī dàn ba
B：再 买 一 点（儿）面 包／鸡 蛋 吧。（パン／卵をちょっと買いましょう。）

会話2

　　wài bian yǒu diǎn　r　rè
A：外 边 有 点（儿）热。（外はちょっと暑いです。）

　　lǐ bian liáng kuai yì diǎn　r
B：里 边 凉 快 一 点（儿）。（中は少し涼しいです。）

会話3

　　zhè ge chá zěn me yàng
A：这 个 茶 怎 么 样？（このお茶はどうですか？）

　　yǒu diǎn r kǔ
B：有 点 儿 苦。（少し苦いです。）

Chapter4 に登場する重要な中国語単語

bié de　　　　　miàn bāo　　　　jī dàn　　　　wài bian　　　　rè
别 的：他の　／　面 包：パン　／　鸡 蛋：卵　／　外 边：外　／　热：暑い・熱い
lǐ bian　　　　liáng kuai　　　　kǔ
里 边：中　／　凉 快：涼しい　／　苦：苦い

第13回　存在を表す存現文

Chapter1　場所を主語にして人・ものの存在を表現する。

凛ちゃん：　jiào shì li zěn me méi rén
　　　　　　教 室 里 怎 么 没 人？

ぐんぐん：　nǐ kàn　hēi bǎn shang xiě zhe shén me
　　　　　　你 看，黑 板 上 写 着 什 么？

凛ちゃん：　xiě zhe　xiū jiǎng
　　　　　　写 着 "休 讲"。

ぐんぐん：　tài hǎo le　nà wǒ men huí jiā ba
　　　　　　太 好 了！那 我 们 回 家 吧。

語法文法

　中国語では「場所＋動詞＋"着"＋人・もの」で、ある場所に人、またはものが存在、または出現することを表します。

墙上挂着一张地图。（壁に地図が1枚掛けてある。）
教室里坐着很多学生。（教室にたくさんの学生が座っている。）
桌子上放着一个花瓶。（机の上に花瓶が1つ置いてある。）

Chapter1 に登場する重要な中国語単語

jiào shì　　　　　　　li　　　　　　　zěn me　　　　　nǐ kàn　　　　　　hēi bǎn
教 室：教室　／　〜里：〜の中　／　怎 么：なぜ　／　你 看：ほら　／　黒 板：黒板

　shang　　　　　　xiě　　　　　shén me　　　　　　xiū jiǎng
〜 上：の上　／　写：書く　／　什 么：何・どんな　／　休 讲：休講

tài　le　　　　　　　nà　　　　　　huí　　　　　jiā　　　　　　qiáng
太〜了：〜すぎる　／　那：じゃあ　／　回：帰る　／　家：家　／　墙：壁

guà　　　　　　　　zhāng　　　　　dì tú　　　　　zuò
挂：掛ける・掛かる　／　〜张：〜枚　／　地 图：地図　／　坐：座る・乗る

hěn duō　　　　　　xué shēng　　　　zhuō zi　　　　fàng
很 多：たくさん　／　学 生：学生　／　桌 子：机　／　放：置く

huā píng
花 瓶：花瓶

Chapter2　ぐんぐんと凛ちゃんの会話を日本語に訳してみよう。

凛ちゃん：_____
ぐんぐん：_____
凛ちゃん：_____
ぐんぐん：_____

Chapter3　次の日本語を中国語に訳してみよう（かならずピンインも記すこと）。

（1）黒板に先生の名前が書いてあります。
ピンイン
中国語_____

（2）あそこにたくさんの絵が掛かっています。
ピンイン
中国語

（3）引きだしの中に何が（置いて）ありますか？
ピンイン
中国語

Chapter3 に登場する重要な中国語単語

lǎo shī　　　　　míng zi　　　　　nà li　　　　　huà　　　　　chōu tì
老 师：先生　／　名 字：名前　／　那 里：あそこ　／　画：絵　／　抽 屉：引きだし

Chapter4　これまでに習った言葉を使って、ペアワークで会話を練習してみよう。

会話1

　　　zhuō zi shang fàng zhe shén me
A：桌 子 上 放 着 什 么？（机の上に何が置いてありますか？）

　　　zhuō zi shang fàng zhe yí gè qián bāo　yì tái diàn nǎo
B：桌 子 上 放 着 一 个 钱 包／一 台 电 脑。

　（机の上に、財布が1つ／パソコンが1台あります。）

会話2

　　　qiáng shang guà zhe shén me
A：墙 上 挂 着 什 么？（壁に何が掛けてありますか？）

　　　qiáng shang guà zhe yí gè mào zi　yì zhāng zhào piàn
B：墙 上 挂 着 一 个 帽 子／一 张 照 片。

　（壁に帽子が1個／写真が1枚掛かっています。）

Chapter4 に登場する重要な中国語単語

qián bāo　　　　　tái　　　　　　　　　　diàn nǎo
钱 包：財布　／　～台：(電子機器を数える単位)台　／　电 脑：パソコン
mào zi　　　　　zhào piàn
帽 子：帽子　／　照 片：写真

第14回　変化、場所や所有権の移動を表す時の"把"

Chapter1　"把"＋名詞＋変化、場所や所有権の移動。

ぐんぐん：我想把人民币换成日元。
　　　　　wǒ xiǎng bǎ rén mín bì huàn chéng rì yuán

凛ちゃん：你可以去学校附近的银行换。
　　　　　nǐ kě yǐ qù xué xiào fù jìn de yín háng huàn

ぐんぐん：你说的是邮局旁边的那个吗？
　　　　　nǐ shuō de shì yóu jú páng biān de nà ge ma

凛ちゃん：对，需要护照和学生证。
　　　　　duì, xū yào hù zhào hé xué shēng zhèng

語法文法

"把"構文は"把"のうしろに続く名詞について、その変化、場所や所有権の移動を表現する時に用います。"把"構文の語順は「主語＋"把"＋目的語＋動詞」です。動詞のうしろに結果や変化などを表す表現が必要です。

我把房间打扫干净了。（私は部屋をきれいに掃除しました。）
弟弟把我的自行车骑走了。（弟は私の自転車に乗っていきました。）
他没把资料拿来。（彼は資料を持ってきませんでした。）

Chapter1 に登場する重要な中国語単語

想 xiǎng：〜したい ／ 人民币 rén mín bì：人民元 ／ 换 huàn：交換する ／ 成〜 chéng：〜になる

日元 rì yuán：日本円 ／ 学校 xué xiào：学校 ／ 附近 fù jìn：近く ／ 银行 yín háng：銀行

邮局 yóu jú：郵便局 ／ 旁边 páng biān：隣 ／ 需要 xū yào：必要がある ／ 护照 hù zhào：パスポート

学生证 xué shēng zhèng：学生書 ／ 房间 fáng jiān：部屋 ／ 打扫 dǎ sǎo：掃除する ／ 干净 gān jing：きれい

弟弟 dì di：弟 ／ 自行车 zì xíng chē：自転車 ／ 骑 qí：乗る ／ 资料 zī liào：資料

拿 ná：（手などで）持つ

Chapter2　ぐんぐんと凛ちゃんの会話を日本語に訳してみよう。

ぐんぐん：＿＿＿＿＿＿＿＿＿＿＿＿＿＿＿＿＿＿＿＿＿＿＿＿＿＿＿＿＿＿＿＿
凛ちゃん：＿＿＿＿＿＿＿＿＿＿＿＿＿＿＿＿＿＿＿＿＿＿＿＿＿＿＿＿＿＿＿＿
ぐんぐん：＿＿＿＿＿＿＿＿＿＿＿＿＿＿＿＿＿＿＿＿＿＿＿＿＿＿＿＿＿＿＿＿
凛ちゃん：＿＿＿＿＿＿＿＿＿＿＿＿＿＿＿＿＿＿＿＿＿＿＿＿＿＿＿＿＿＿＿＿

Chapter3 次の日本語を中国語に訳してみよう（かならずピンインも記すこと）。

（1）妹は私のケーキを全部食べてしまいました。
ピンイン
中国語

（2）彼女はパソコンを持ってきませんでした。
ピンイン
中国語

（3）あなたは宿題を全部やり終えましたか？
ピンイン
中国語

Chapter3 に登場する重要な中国語単語

mèi mei　　　　　　dàn gāo　　　　　　diàn nǎo　　　　　　zuò yè
妹　妹：妹 ／ 蛋 糕：ケーキ ／ 电 脑：パソコン ／ 作 业：宿題

zuò wán
做　完：やり終える

Chapter4　これまでに習った言葉を使って、ペアワークで会話を練習してみよう。

会話1

　　　shéi bǎ shǒu jī nòng diū le
A：谁 把 手 机 弄 丢 了？（誰がスマートフォンをなくしましたか？）

　　　dì di bǎ shǒu jī nòng diū le
B：弟 弟 把 手 机 弄 丢 了。（弟がスマートフォンをなくしました。）

会話2

　　　shéi bǎ yī fu nòng zāng le
A：谁 把 衣 服 弄 脏 了？（誰が服を汚しましたか？）

　　　mèi mei bǎ yī fu nòng zāng le
B：妹 妹 把 衣 服 弄 脏 了。（妹が服を汚しました。）

会話3

　　　qǐng bǎ kōng tiáo dǎ kāi
A：请 把 空 调 打 开。（エアコンをつけてください。）

　　　hǎo　nà wǒ bǎ chuāng hu guān shang
B：好。那 我 把 窗 户 关 上。（いいですよ。それなら、私は窓を閉めます。）

Chapter4 に登場する重要な中国語単語

shéi　　　　shǒu jī　　　　　　　　nòng diū　　　　yī fu
谁：誰 ／ 手 机：スマートフォン ／ 弄 丢：なくす ／ 衣 服：服

nòng zāng　　　　qǐng　　　　　　　　　　kōng tiáo
弄 脏：汚す ／ 请：どうぞ（～してください）／ 空 调：エアコン

dǎ kāi　　　　　　　　　　　　　　　　chuāng hu　　　guān shang
打 开：開く・開ける・つける・(車を) 運転する ／ 窗 户：窓 ／ 关 上：閉める

練習問題の解答

第1部　入門編

第1回　あいさつ
Chapter2
1．①nǐ hǎo　②duì bù qǐ　③xīn kǔ le
　　④zài jiàn
2．①谢谢　②不客气　③对不起　④没关系

第2回　"我是日本人"——"是"（～は…です）
Chapter2
凛ちゃん：あなたは留学生ですか？
ぐんぐん：私は留学生ではありません。私は中国人です。
凛ちゃん：私は日本人です。
Chapter3
(1) tā shì Zhōng guó rén
　　她 是 中 国 人。
(2) tā men bú shì yī shēng
　　他 们 不 是 医 生。
(3) nǐ shì liú xué shēng ma
　　你 是 留 学 生 吗？

第3回　"我叫凛"——名前の言い方（～は…といいます）
Chapter2
ぐんぐん：私の名前は、ぐんぐんです。あなたの名前は？
凛ちゃん：こんにちは！私は凛といいます。初めまして、よろしくお願いします。
ぐんぐん：よろしくお願いします。
Chapter3
(1) tā jiào Lǐn
　　他 叫 凛。
(2) nǐ jiào shén me míng zi
　　你 叫 什 么 名 字？
(3) chū cì jiàn miàn qǐng duō guān zhào
　　初 次 见 面，请 多 关 照。

第4回　"这是我的课本"——指示代名詞"这、那"（これ、それ、あれ）
Chapter2
凛ちゃん：それはあなたの写真ですか？
ぐんぐん：これは私のお姉さんの写真です。
凛ちゃん：あなたのお姉さんは学生ですか？
ぐんぐん：彼女は学生ではありません。彼女はパティシエです。
Chapter3
(1) zhè shì nǐ de kè běn
　　这 是 你 的 课 本。
(2) nà shì lǎo shī de yán jiū shì
　　那 是 老 师 的 研 究 室。
(3) nà shì wǒ bà ba de gōng sī
　　那 是 我 爸 爸 的 公 司。

第5回　"我今年十九岁"——年齢の言い方
Chapter2
凛ちゃん：ぐんぐん、あなたは今年でいくつですか？
ぐんぐん：私は今年で19歳です。あなたは？
凛ちゃん：私は今年で23歳になりました。
ぐんぐん：あなたは先輩です！
Chapter3
(1) nǐ jīn nián duō dà
　　你 今 年 多 大？
(2) wǒ jīn nián èr shí suì
　　我 今 年 二 十 岁。
(3) wǒ de bà ba jīn nián wǔ shí wǔ suì le
　　我 的 爸 爸 今 年 五 十 五 岁 了。

第6回　"我的生日是四月一号"——年月日、曜日の言い方
Chapter2
凛ちゃん：あなたの誕生日は何月何日ですか？
ぐんぐん：私の誕生日は4月1日です。あなたは？
凛ちゃん：私の誕生日は5月16日です。来週の木曜日です。
ぐんぐん：本当ですか？！一緒に誕生日を過ごしましょう！
凛ちゃん：いいですよ！
Chapter3
(1) nǐ de shēng rì shì jǐ yuè jǐ hào
　　你 的 生 日（是）几 月 几 号？
(2) wǒ de shēng rì shì shí èr yuè èr shí wǔ hào
　　我 的 生 日（是）十 二 月 二 十 五 号。
(3) jīn tiān shì èr líng èr sì nián wǔ yuè shí liù hào xīng qī sì
　　今 天（是）二 〇 二 四 年 五 月 十 六 号 星 期 四。

第7回　"我吃冰淇凌"——動詞の使い方
Chapter2
ぐんぐん：誕生日おめでとう！乾杯！
凛ちゃん：ありがとう！私は火鍋が好きです。
ぐんぐん：あなたはアイスクリームを食べますか？
凛ちゃん：私はアイスクリームを食べます。
Chapter3
(1) wǒ hē kā fēi
　　我 喝 咖 啡。
(2) nǐ kàn diàn shì ma
　　你 看 电 视 吗？
(3) tā xué Zhōng wén
　　她 学 中 文。

第8回　"我不去卡拉OK"——動詞の否定表現"不"と"没"
Chapter2
凛ちゃん：私たちはカラオケに行きましょう。
ぐんぐん：私はカラオケに行きません。私は宿題をしませんでした。
凛ちゃん：明日は締め切りです！
Chapter3
(1) tā méi kàn diàn shì
　　他 没 看 电 视。
(2) wǒ bù hē kā fēi
　　我 不 喝 咖 啡。
(3) wǒ bù dǎ yóu xì
　　我 不 打 游 戏。

第9回　"我在教室里"——所在表現"在"
Chapter2
ぐんぐん：あなたは教室にいますか？私の教科書は教室の机の上にありますか？
凛ちゃん：私は教室にいます。あなたの教科書は机の上にありますよ。
ぐんぐん：今教室に行きます！

113

Chapter3
(1) 课本在包里。
　　kè běn zài bāo li
(2) 我现在在京都。
　　wǒ xiàn zài zài Jīng dū
(3) 便利店在那里。
　　biàn lì diàn zài nà lǐ

第10回 "一个苹果"——数詞・量詞
Chapter2
店員：いらっしゃいませ！
ぐんぐん：こんにちは。コーヒーを1杯、ケーキを2つください。
凛ちゃん：こんにちは。ホットココアを1杯ください。
店員：ありがとうございます。少々お待ちください。
Chapter3
(1) 四个苹果。
　　sì ge píng guǒ
(2) 六本书。
　　liù běn shū
(3) 五把伞。
　　wǔ bǎ sǎn
(4) 七双袜子。
　　qī shuāng wà zi
(5) 我要八杯茶。
　　wǒ yào bā bēi chá
(6) 我要九张票。
　　wǒ yào jiǔ zhāng piào

第11回 "蛋糕很好吃"——形容詞肯定文と程度副詞
Chapter2
ぐんぐん：今日は暑いです。でも、竹林は涼しいです。
凛ちゃん：景色は非常に美しいです。
ぐんぐん：私の昼ご飯は竹です。竹はとくにおいしいです。
Chapter3
(1) 今天的天气很热。
　　jīn tiān de tiān qì hěn rè
(2) 饺子特别好吃。
　　jiǎo zi tè bié hǎo chī
(3) 电脑有点贵。
　　diàn nǎo yǒu diǎn guì

第12回 "你不胖"——形容詞の否定表現と疑問表現
Chapter2
ぐんぐん：私は太っています。でも、竹は非常においしいです。
凛ちゃん：あなたは太っていないです。
ぐんぐん：本当？！私は太っていないですか？
凛ちゃん：あなたはかわいいです。
Chapter3
(1) 她的钱包不便宜。
　　tā de qián bāo bù pián yi
(2) 蛋糕好吃吗？
　　dàn gāo hǎo chī ma
(3) 今天的天气不太热。
　　jīn tiān de tiān qì bú tài rè

第13回 "我看了一本书"——完了の"了"（〜してしまった）
Chapter2
凛ちゃん：昨日、私は本を一冊読みました。本の名前は『吾輩は猫である』です。
ぐんぐん：あなたは日本文学が好きですか？
凛ちゃん：好きです。私のお父さんは日本文学の先生です。
Chapter3
(1) 我喝了一杯咖啡。
　　wǒ hē le yì bēi kā fēi
(2) 她买了两张票。
　　tā mǎi le liǎng zhāng piào
(3) 他画了三张画。
　　tā huà le sān zhāng huà

第14回 "你去过演唱会吗？"——助詞"过"（〜したことがある）
Chapter2
ぐんぐん：あなたはコンサートに行ったことがありますか？
凛ちゃん：私は日本のバンドのコンサートへ行ったことがあります。
ぐんぐん：いいなー！私は日本のバンドのアルバムを買ったことがあります。
凛ちゃん：私は日本のバンドの歌はステキだと感じています。
Chapter3
(1) 我吃过中餐。
　　wǒ chī guo zhōng cān
(2) 你去过东京吗？
　　nǐ qù guo Dōng jīng ma
(3) 他没学过中文。
　　tā méi xué guo Zhōng wén

第15回 "我在看电视"——動作の進行"在"（…ところ）
Chapter2
ぐんぐん：もしもし、こんにちは。
凛ちゃん：ぐんぐん、こんにちは。
ぐんぐん：私はご飯を作っています。私たちは一緒に食べましょう。
凛ちゃん：わあ！あなたは中華料理を作っていますか？
ぐんぐん：はい。私は四川火鍋を作っています！
Chapter3
(1) 我在写信。
　　wǒ zài xiě xìn
(2) 他在喝橙汁。
　　tā zài hē chéng zhī
(3) 她在弹吉他。
　　tā zài tán jí tā

第16回 "门开着呢"——状態の持続"着"
Chapter2
ぐんぐん：どうぞ入ってください。ドアが開いていますよ。
凛ちゃん：これはあなたの家ですか？
ぐんぐん：はい。2階は私の家です。これはお父さんのレストランです。
Chapter3
(1) 他戴着眼镜。
　　tā dài zhe yǎn jìng
(2) 她穿着裙子。
　　tā chuān zhe qún zi
(3) 他们背着书包。
　　tā men bēi zhe shū bāo

第17回 "飞机要起飞了"——未来表現"要〜了"（もうすぐ〜になる）

Chapter2
ぐんぐん：飛行機はもうすぐ離陸するでしょう。
　　　　 私は少し緊張しています。
凛ちゃん：緊張しないで。
ぐんぐん：私たちはもうすぐ北京に到着します！
凛ちゃん：本当に早いです。
Chapter3
（1）她 要 到 家 了。
　　　 tā yào dào jiā le
（2）要 放 学 了。
　　　 yào fàng xué le
（3）你 要 去 法 国 了 吗？
　　　 nǐ yào qù Fǎ guó le ma

第18回 "我们明天去故宫"——時間詞を入れて未来を表す
Chapter2
ぐんぐん：ほら、あれは故宮です。
凛ちゃん：わあ！このホテル、本当に豪華ですね！
ぐんぐん：私たちは今日の夜、北京ダックを食べます。明日、故宮に行きます。
Chapter3
（1）我 明 天 下 午 回 家。
　　　 wǒ míng tiān xià wǔ huí jiā
（2）他 们 下 星 期 去 北 京。
　　　 tā men xià xīng qī qù Běi jīng
（3）她 明 年 毕 业。
　　　 tā míng nián bì yè

第19回 "我们下午在胡同散步"——動作の行われる場所や時間を表す
Chapter2
凛ちゃん：午後、私たちはフートンで散歩します。
ぐんぐん：フートンのカフェはきれいです。私たちはカフェでコーヒーを飲みましょう。
凛ちゃん：いいですよ。夜、デパートでショッピングします。
Chapter3
（1）我 下 个 月 在 东 京 工 作。
　　　 wǒ xià ge yuè zài Dōng jīng gōng zuò
（2）她 们 明 天 在 银 座 购 物。
　　　 tā men míng tiān zài Yín zuò gòu wù
（3）我 今 天 下 午 在 鸭 川 散 步。
　　　 wǒ jīn tiān xià wǔ zài Yā chuān sàn bù

第20回 "我会说中文"——可能助動詞"会、能、可以"
Chapter2
ぐんぐん：あなたは私の中国語を聞き取ることができますか？
凛ちゃん：できます。私は中国語が話すことができます。でも、私の中国語はよくないです。あなたが教えてくれませんか？
ぐんぐん：もちろんいいですよ。あなたの中国語はいいです。
Chapter3
（1）他 会 说 中 文。
　　　 tā huì shuō Zhōng wén
（2）我 能 吃 四 川 火 锅。
　　　 wǒ néng chī Sì chuān huǒ guō
（3）我 可 以 坐 这 里 吗？
　　　 wǒ kě yǐ zuò zhè lǐ ma

第2部　応用編

第1回　豊太郎とエリスの会話——森鷗外『舞姫』で学ぶ
Chapter2
豊太郎：あなたはなぜ泣くの？
エリス：なぜなら、お父さんが死んだのに、私はお金がないからだ。
豊太郎：あなたは本当にかわいそう。私の腕時計をあなたにあげる。
エリス：あなたはいい人だ。
Chapter3
（1）你 为 什 么 去 日 本？
　　　 nǐ wèi shén me qù Rì běn
（2）昨 天 她 为 什 么 没 来 学 校？
　　　 zuó tiān tā wèi shén me méi lái xué xiào
（3）你 为 什 么 学 中 文？
　　　 nǐ wèi shén me xué Zhōng wén

第2回　庄兵衛と喜助の会話——森鷗外『高瀬舟』で学ぶ
Chapter2
庄兵衛：あなたは、どんな罪を犯したのですか？
喜助：私の家は貧しい。弟が病気になった時、辛かった。彼は自殺したかったが、失敗した。私は弟を殺しました。
庄兵衛：あなたは犯罪者ではないと思う。
Chapter3
（1）这 是 什 么？
　　　 zhè shì shén me
（2）你 喜 欢 什 么 颜 色？
　　　 nǐ xǐ huan shén me yán sè
（3）你 叫 什 么 名 字？
　　　 nǐ jiào shén me míng zi

第3回　坊ちゃんと清の会話——夏目漱石『坊ちゃん』で学ぶ
Chapter2
清：あなたはいつ家に帰りますか？
坊ちゃん：私は来年の夏、家に帰ります。私はおみやげを買うつもりです。あなたは何が欲しいですか？
清：私は飴が欲しいです。
坊ちゃん：松山には飴屋がありません。
Chapter3
（1）你 什 么 时 候 有 空？
　　　 nǐ shén me shí hou yǒu kòng
（2）电 影 什 么 时 候 开 始？
　　　 diàn yǐng shén me shí hou kāi shǐ
（3）你 想 要 什 么？
　　　 nǐ xiǎng yào shén me

第4回　先生とKの会話——夏目漱石『こころ』で学ぶ
Chapter2
先生：あなたはお嬢さんと一緒にどこにいきましたか？私はあなたとお嬢さんを見ました。
K：私は散歩していたときに、お嬢さんに出会いました。私たちは一緒に帰ってきました。
Chapter3
（1）洗 手 间 在 哪 里？
　　　 xǐ shǒu jiān zài nǎ li
（2）银 行 在 哪 里？
　　　 yín háng zài nǎ li

```
    tā qù le nǎ li
（3）他 去 了 哪 里？
```

第 5 回　下人と老婆の会話——芥川龍之介『羅生門』で学ぶ
Chapter2
下人：あなたは誰？あなたは何をしている？
老婆：私は彼女の髪の毛を売るつもりだ。これは仕方のないことだ。
下人：私はあなたの服が欲しい。これは仕方のないことだ。
Chapter3
```
    nǐ de lǎo shī shì shéi
（1）你 的 老 师 是 谁？
    shéi shì nǐ de péng you
（2）谁 是 你 的 朋 友？
    zhè shì shéi de yǎn jìng
（3）这 是 谁 的 眼 镜？
```

第 6 回　良秀と大殿の会話——芥川龍之介『地獄変』で学ぶ
Chapter2
良秀：私は牛車と女を描きたいです。
大殿：あなたはどうやって描くの？
良秀：私は見えたものしか描けません。牛車と女に火をつけてください。
大殿：あなたは天才だ。本当に素晴らしい。
Chapter3
```
    tā zěn me zhǎo gōng zuò
（1）他 怎 么 找 工 作？
    nǐ zěn me zuò zuò yè
（2）你 怎 么 做 作 业？
    nǐ zěn me huí jiā
（3）你 怎 么 回 家？
```

第 7 回　よだかと鷹の会話——宮沢賢治『よだかの星』で学ぶ
Chapter2
鷹：あなたは飛ぶのが遅い。あなたは早く名前を変えなさい。
よだか：いやです。私は名前を変えたくない。
鷹：私は怒っている。
よだか：どうしてみんなは私のことが嫌いなの？
Chapter3
```
    tù zi pǎo de hěn kuài
（1）兔 子 跑 得 很 快。
    tā xiě zì xiě de zhēn hǎo kàn
（2）她 写 字 写 得 真 好 看。
    tā shuō Zhōng wén shuō de hěn hǎo
（3）他 说 中 文 说 得 很 好。
```

第 8 回　カンパネルラとジョバンニの会話——宮沢賢治『銀河鉄道の夜』で学ぶ
Chapter2
ジョバンニ：あなたのお母さんは、非常にやさしいです。まさか彼女は怒りましたか？
カンパネルラ：私は好いことをしました。神様は私を褒めてくれました。だからお母さんは幸せです。彼女は怒っていませんでした。
Chapter3
```
    nǐ bú shì lǜ shī ma
（1）你 不 是 律 师 吗？
    tā bú shì Zhōng guó rén ma
（2）他 不 是 中 国 人 吗？
    nán dào tā méi cān jiā bǐ sài ma
（3）难 道 他 没 参 加 比 赛 吗？
```

第 9 回　「私」と踊子の会話——川端康成『伊豆の踊子』で学ぶ
Chapter2
私：あれが大島です。
踊子：夏に大島に遊びに来てください。
私：いいですよ。お水を1杯ください。
踊子：お水を飲んでください。
踊子：いい人ね。いい人はいいね。
Chapter3
```
    qǐng kāi dēng
（1）请 开 灯。
    qǐng hē chá
（2）请 喝 茶。
    chūn tiān qǐng lái Jīng dū wán
（3）春 天 请 来 京 都 玩。
```

第 10 回　メロスと王、ディオニスの会話——太宰治『走れメロス』で学ぶ
Chapter2
メロス：あなたはどうしてたくさんの人を殺しましたか？
ディオニス王：あなたは、私の孤独を理解しない。私は他人を信じない。
メロス：私を3日間待ってください。私は、妹の結婚式に参加したいです。
Chapter3
```
    wǒ xué sān ge xiǎo shí Zhōng wén
（1）我 学 三 个 小 时 中 文。
    wǒ děng le nǐ shí nián
（2）我 等 了 你 十 年。
    tā kàn le èr shí fēn zhōng shū
（3）她 看 了 二 十 分 钟 书。
```

第 11 回　山賊と女の会話——坂口安吾『桜の森の満開の下』で学ぶ
Chapter2
山賊：都会と比べて、私は田舎がさらに好きだ。
女：あなたは本当に冷たい。都会は田舎よりにぎやかだ。
山賊：私は都会が嫌いだ。
女：あなたは田舎が好きですか？それなら、私はあなたと一緒に田舎に行きましょう。
Chapter3
```
    dì qiú bǐ yuè liàng dà
（1）地 球 比 月 亮 大。
    Běi hǎi dào de wù jià méi yǒu Dōng
（2）北 海 道 的 物 价 没 有 东
    jīng gāo
    京 高。
    Jīng dū bǐ Dà bǎn ān jìng
（3）京 都 比 大 阪 安 静。
```

第 12 回　武山中尉と麗子の会話——三島由紀夫『憂国』で学ぶ
Chapter2
武山中尉：私は結婚したばかりでした。友達は、私を叛乱に参加させません。明日、私は戦争に参加し友人と戦闘しなければなりません。私はそんなことはできません。私は、今晩切腹します。
麗子：私も一緒に死にます。
Chapter3
```
    mā ma ràng wǒ dǎ sǎo fáng jiān
（1）妈 妈 让 我 打 扫 房 间。
```

```
          lǎo shī ràng wǒ xué xí
（2）老 师 让 我 学 习。
          péng you bù ràng wǒ mǎi lǐ wù
（3）朋 友 不 让 我 买 礼 物。
```

第13回　直子とワタナベの会話——村上春樹『ノルウェイの森』で学ぶ

Chapter2
直子：私のお願いを2つ聞いてください。
ワタナベ：私はあなたのお願いを3つ聞きます。
直子：2つでいいです。1つは、あなたが会いに来てくれて私はうれしい。私の気持ちを理解してください。
ワタナベ：私は理解します。
直子：2つめは、私のことを忘れないでください。
ワタナベ：私はあなたのことを絶対に忘れません。

Chapter3
```
      tā yí dìng néng yíng
（1）他 一 定 能 赢。
      wǒ jué duì bú huì wàng jì wǒ men de
（2）我 绝 对 不 会 忘 记 我 们 的
      yuē dìng
      约 定。
      tā kěn dìng néng hé gé
（3）她 肯 定 能 合 格。
```

第14回　みかげと雄一の会話——吉本ばなな『キッチン』で学ぶ

Chapter2
みかげ：このカツ丼はおいしいです。
雄一：あなたといっしょに食事をすれば、食べ物がさらにおいしく感じられます。
みかげ：私たちはいっしょに生活するべきです。あなたは私から離れないで。

Chapter3
```
      wǒ děi huí jiā
（1）我 得 回 家。
      yùn dòng yuán yīng gāi zūn shǒu bǐ
（2）运 动 员 应 该 遵 守 比
      sài guī zé
      赛 规 则。
      xué sheng yīng gāi xué xí
（3）学 生 应 该 学 习。
```

第3部　発展編

第1回　動作行為の対象を記すための"和""跟"

Chapter2
凛ちゃん：京都の祇園を知っていますか？
ぐんぐん：聞いたことはありますが、まだ行ったことがないんです。
凛ちゃん：今週の土曜日に友達と見に行くつもりです。私たちと一緒に行きましょう。
ぐんぐん：いいね！私もあなたの友達と知り合いになりたいです。

Chapter3
```
      wǒ hé tā qù chī Běi jīng kǎo yā
（1）我 和 她 去 吃 北 京 烤 鸭。
      wǒ hé tā shì péng you
（2）我 和 他 是 朋 友。
      nǐ dǎ suan gēn shéi yì qǐ qù
（3）你 打 算 跟 谁（一 起）去？
```

第2回　選択疑問文"是A还是B？"

Chapter2
凛ちゃん：もうすぐ10時になりますので、出発しましょう。
ぐんぐん：私たちは電車に乗って行くのでしょうか、それとも地下鉄に乗って行くのでしょうか？
凛ちゃん：地下鉄に乗って行きましょう。地下鉄は電車より速いです。
ぐんぐん：いいですよ、行きましょう。地下鉄の駅はあちらにありますよ。

Chapter3
```
      tā shì èr shí suì hái shi sān shí
（1）她 是 二 十 岁 还 是 三 十
      suì
      岁？
      tā men shì Rì běn rén hái shi wài guó
（2）他 们 是 日 本 人，还 是 外 国
      rén
      人？
      wǒ men shì qù Fǎ guó hái shi qù Yì
（3）我 们（是）去 法 国，还 是 去 意
      dà lì
      大 利？
```

第3回　動詞が2つ以上並んでいる連動文

Chapter2
ぐんぐん：明日、学校に来ますか？
凛ちゃん：来ません。私は明日、空港に友達を迎えに行きます。
ぐんぐん：あなたの友達はいつ到着しますか？
凛ちゃん：彼女は午前10時の飛行機に乗ります。午後1時半に到着します。

Chapter3
```
      wǒ men qù kā fēi guǎn hē kā fēi ba
（1）我 们 去 咖 啡 馆 喝 咖 啡 吧。
      nǐ xiǎng qù Dōng jīng wán r ma
（2）你 想 去 东 京 玩 儿 吗？
      tā jīn tiān bú qù gòu wù
（3）她 今 天 不 去 购 物。
```

第4回　推量や提案を表す助詞"吧"

Chapter2
ぐんぐん：あなたの趣味は何ですか？
凛ちゃん：私はテニスをするのが好きです。
ぐんぐん：私はまだテニスをしたことがありません。難しいでしょう？
凛ちゃん：いいえ、難しくありません。テニスはとても簡単です。

Chapter3
```
      nǐ men xiān zǒu ba
（1）你 们 先 走 吧。
      zhè běn shū shì nǐ de ba
（2）这 本 书 是 你 的 吧。
      chī le fàn wǒ men yì qǐ qù hē kā fēi
（3）吃 了 饭，我 们 一 起 去 喝 咖 啡
      ba
      吧。
```

第5回　名詞句が述語になる名詞述語文

Chapter2
ぐんぐん：あなたの腕時計はいくらですか？
凛ちゃん：私の腕時計は3万円です。
ぐんぐん：高すぎます！私の腕時計は1000円です。
凛ちゃん：そんなに安いの！

Chapter3
```
      jīn tiān jǐ yuè jǐ hào
（1）今 天 几 月 几 号？
      tā bú shì Shàng hǎi rén ba
（2）她 不 是 上 海 人 吧？
```

　　　　 liù yuè sān shí hào xīng qī sān
（3）六 月 三 十 号 星 期 三。

第6回　新しい事態の発生や状態の変化を表す"了"
Chapter2
ぐんぐん：今何時ですか？
凛ちゃん：10時半です。あなたはいつ授業に参加しますか？
ぐんぐん：10時55分から授業に参加します。もう出発しなければなりません。
凛ちゃん：それなら早く行ってください、遅れないでね。
Chapter3
　　　wǒ bà ba qù Zhōng guó le
（1）我 爸 爸 去 中 国 了。
　　　　xiàn zài liǎng diǎn shí fēn le
（2）（现 在）两 点 十 分 了。
　　　shǒu jī pián yi le
（3）手 机 便 宜 了。

第7回　話し手の見方や態度を強調する"是…的"構文
Chapter2
ぐんぐん：私のスマートフォンはもうすぐ充電が切れそうです。モバイルバッテリーはありますか？
凛ちゃん：ありますよ。どうぞ。
ぐんぐん：ありがとう。このモバイルバッテリー、とてもかわいいですね。どこで買ったんですか？
凛ちゃん：ネットで買いましたよ。
Chapter3
　　　tā shì qù nián lái de Rì běn
（1）他（是）去 年 来 的 日 本。
　　　zhè běn shū shì zài nǎ r mǎi de
（2）这 本 书（是）在 哪 儿 买 的？
　　　wǒ bú shì qí zì xíng chē lái de dà xué
（3）我 不 是 骑 自 行 车 来 的 大学。

第8回　副詞"都""也"
Chapter2
凛ちゃん：日本に来たあと、お寿司やラーメンを食べたことがありますか？
ぐんぐん：どっちも食べたことがあります。味は最高ですね！
凛ちゃん：納豆も食べたことがありますか？
ぐんぐん：ありますよ、納豆も好きです。
Chapter3
　　　tā men dōu méi chī guo shòu sī
（1）他 们 都 没 吃 过 寿 司。
　　　jiào shì li yǒu zhuō zi yě yǒu yǐ zi
（2）教 室 里 有 桌 子，也 有 椅 子。
　　　tā men yě dōu bú huì shuō Rì yǔ
（3）她 们 也 都 不 会 说 日 语。

第9回　二重目的語をとる動詞
Chapter2
凛ちゃん：あなたは野球の試合を観たことがありますか？
ぐんぐん：私はテレビでしか観たことがありません。
凛ちゃん：友達が私に2枚のチケットをくれたので、一緒に行きましょう。

ぐんぐん：いいですね！ありがとうございます。
Chapter3
　　　wǒ xiǎng gěi tā yí ge lǐ wù
（1）我 想 给 她 一 个 礼 物。
　　　Wáng lǎo shī bù jiāo wǒ men Yīng yǔ
（2）王 老 师 不 教 我 们 英 语。
　　　qǐng gào su wǒ tā de míng zi
（3）请 告 诉 我 她 的 名 字。

第10回　与える相手を表す介詞"给"
Chapter2
凛ちゃん：何をしていますか？
ぐんぐん：韓国の友達に絵はがきを書いています。
凛ちゃん：彼女は中国語もできますか？
ぐんぐん：できますよ。彼女の中国語はとても上手です。
Chapter3
　　　tā zài gěi péng you mǎi lǐ wù
（1）他 在 给 朋 友 买 礼 物。
　　　wǒ xiǎng gěi mā ma dǎ diàn huà
（2）我 想 给 妈 妈 打 电 话。
　　　wǒ jiě jie bù gěi wǒ zuò fàn
（3）（我）姐 姐 不 给 我 做 饭。

第11回　動作行為の結果を表す結果補語
Chapter2
凛ちゃん：コンサートのチケットは買えましたか？
ぐんぐん：まだ買えていません。初回の抽選では当たらなかったです。
凛ちゃん：気を落とさないで、まだチャンスがありますよ。
ぐんぐん：私が幸運でありますように。
Chapter3
　　　wǒ chī wán wǎn fàn le
（1）我 吃 完 晚 饭 了。
　　　zhè běn Zhōng wén xiǎo shuō nǐ kàn
（2）这 本 中 文 小 说，你 看
　　　dǒng le ma
　　　懂 了 吗？
　　　zuó tiān wǒ méi kàn jian kàn dào tā
（3）昨 天 我 没 看 见／看 到 她。

第12回　"有点"と"一点"
Chapter2
ぐんぐん：お腹は空きましたか？
凛ちゃん：少しお腹が空きました。食堂に行って少しご飯を食べましょう。
ぐんぐん：食堂は今人がとても多いので、売店を見に行きましょう。
凛ちゃん：いいですね、売店は人が少ないです。
Chapter3
　　　jī piào yǒu diǎn r guì
（1）机 票 有 点（儿）贵。
　　　Rì běn xué shēng bǐ liú xué shēng
（2）日 本 学 生 比 留 学 生
　　　duō yì diǎn r
　　　多 一 点（儿）。
　　　wǒ xiǎng hē yì diǎn r niú nǎi
（3）我 想 喝 一 点（儿）牛 奶。

第13回　存在を表す存現文
Chapter2
凛ちゃん：教室にはどうして誰もいないのですか？
ぐんぐん：ほら、黒板には何が書いてありますか？
凛ちゃん：『休講』と書いてあります。

ぐんぐん：いいですね！それなら、私たちは家に帰りましょう。
Chapter3

(1) 黑板上写着老师的名字。
　　hēi bǎn shang xiě zhe lǎo shī de míng zi

(2) 那里挂着很多画。
　　nà li guà zhe hěn duō huà

(3) 抽屉里放着什么？
　　chōu tì li fàng zhe shén me

第14回　変化、場所や所有権の移動を表す時の"把"
Chapter2
ぐんぐん：私は人民元を日本円に両替したいです。
凛ちゃん：学校の近くの銀行に両替しに行ってもいいですよ。
ぐんぐん：あなたが言っているのは郵便局の隣のあの銀行ですか？
凛ちゃん：はい、パスポートと学生証が必要です。

Chapter3

(1) 妹妹把我的蛋糕都吃了。
　　mèi mei bǎ wǒ de dàn gāo dōu chī le

(2) 她没把电脑拿来。
　　tā méi bǎ diàn nǎo ná lai

(3) 你把作业都做完了吗？
　　nǐ bǎ zuò yè dōu zuò wán le ma

※第2部応用編第12回～第14回の会話文は下記を参考に作成した。
　三島由紀夫…『花ざかりの森・憂国』
　　　　　　　　　（新潮文庫　2020・10）
　村上春樹……『ノルウェイの森　上』
　　　　　　　　　（講談社文庫　2004・9）
　吉本ばなな…『キッチン』
　　　　　　　　　（角川文庫　1998・6）

野村　幸一郎（のむら　こういちろう）　監修
1996年3月　立命館大学大学院文学研究科博士後期課程修了
学位　博士（文学）
現職　京都橘大学文学部教授
主著　『日本近代文学はアジアをどう描いたか』（2015年　新典社）
　　　『松井石根　アジア主義論集』（2017年　新典社）
　　　『学ぶ前にふれる　実践中国語練習帳』（2021年　新典社）
　　　『東京裁判の思想課題―アジアへのまなざし』（2021年　新典社）

張　素娟（ちょう　そけん）　編著
2021年3月　新潟大学大学院現代社会文化研究科博士後期課程修了
学位　博士（文学）
現職　同志社大学グローバル地域文化学部准教授・京都橘大学非常勤講師
論文　「"不能V"と"V不了"の相違について―主的能力と外的条件を表す場合を中心に―」（『現代中国語研究』第19期　2017年10月　朝日出版社）
　　　「"能"と"会"に見られる話し手の認識の相違について」（『現代中国語研究』第20期　2018年10月　朝日出版社）
　　　An Analysis and Teaching Strategies on Chinese Complement Errors Made by Elementary Japanese Learners, Proceedings of the 34th North American Conference on Chinese Linguistics: 2023.11

丁　若思（てい　じゃくし）　編著
2023年3月　京都橘大学大学院文学研究科博士後期課程修了
学位　博士（文学）
現職　京都橘大学非常勤講師
主著　『学ぶ前にふれる　実践中国語練習帳』（2021年　新典社）
論文　「森鷗外『舞姫』論：才子佳人小説との比較を中心に」（『比較文化研究』154号　2024年1月　日本比較文化学会）

学ぶ前にふれる　実践中国語会話練習帳

2025年3月11日　初刷発行

監修者　野村　幸一郎
編著者　張　素娟・丁　若思
発行者　岡元　学実

発行所　株式会社　新典社

〒111-0041　東京都台東区元浅草2-10-11　吉延ビル4F
ＴＥＬ　03-5246-4244　ＦＡＸ　03-5246-4245
振　替　00170-0-26932
検印省略・不許複製
印刷所　恵友印刷㈱　製本所　牧製本印刷㈱

©Nomura Koichiro / Zhang Sujuan / Ding Ruosi 2025
ISBN 978-4-7879-0657-1 C1087
https://shintensha.co.jp/
E-Mail:info@shintensha.co.jp